5부자 시리즈 · 열한번째

길위에서 세상을 보다

강 민 구 지음

도서출판 비움과 채움

길 위에서 세상을 보다

목 차

남부에서 북부로

머리말

17년 전, 여름 한 달 동안 아버지와 우리 4형제는 LA에서 보스턴까지 미 대륙을 자동차로 횡단한 적이 있다. 그 일로 『5부자 라이브 인 USA』가 출간되었고 한동안 유명세를 치르기도 했지만 무엇보다 값진 수확은 일상의 삶을 잠시 매듭지어봤다는 뿌듯함이었으며, 이는 지금껏 살면서 매사에 원동력이 되고 있다.

이번에 쓴 『길위에서 세상을 보다』는 새 가정을 꾸리고 아빠가 된 내가 아이들에게 더 넓은 세상을 안겨주고 싶어 아내와 함께 그 여정을 스케치해 본 것들이며, 되도록 관광이 아닌 학업의 연장선상에서 많이 보고 듣기를 원했다.

'매사에 감사해야 부자이고 언제나 부지런하게 배우는 사람이 현자' 라고 김수환 추기경님은 생전에 자주 강론을 하셨다. 일찍이 가슴에 새겨둔 그 분의 말씀을 여행을 통해 실천으로 옮겨 볼 요량이었으나 절반의 성공에도 미치지 못한 것 같아 아쉬움이 조금 남는다.

하지만 아이들에게는 더없이 좋은 선물이 됐을 것이라 믿고 싶다. 왜냐하면 위기를 슬기로 대처하며 5부자가 일심동체로 황야를 달렸던 예전의 소중했던 경험과 보람이 나이 들수록 더욱 단단해지고 있기 때문이다.

서툰 여행을 귀히 여겨주신 부모님과 조악한 글을 예쁘게 책으로 엮어주신 김봉진 선생님께 감사드리며, 자료를 정리하느라 애쓴 아내와 힘들었던 여정을 잘 소화해 준 아이들에게 이 책을 선물하고 싶다. '성공이 행복의 열쇠' 인 줄 알았던 그간의 생각이 탈고를 할 때쯤 '행복이 성공의 열쇠' 임을 새로이 깨닫게 되어 기쁘다.

2011. 초가을

강민구

추천사

무릇 삶이란 태어나는 순간부터 모두가 인연因緣이다. 왜냐하면 인생 그 자체가 만남의 역사라 해도 과언이 아니니까. 어느 핸가 들꽃이 만발했던 초여름, 등산복 차림의 저자를 예봉산에서 동생의 친구로 만났고 그 인연으로 오히려 아우들이 시샘까지 했던 세월이 어느새 수년이다.

내가 워싱턴 근무 후 태평양을 건너온 저자를 다시 만났을 때 보통인으로써 평범하게 살아가는 줄 알았던 그가 '사고를 쳤다'며 온 가족이 차를 몰고 미대륙을 동-서-남-북으로 훑고 그간의 산전수전기를 책으로 묶어 내다니 참으로 장한 쾌거快擧다. 삶을 다시 돌아보고 추억이라는 유산을 남겨주기 위해 가족과 더불어 황량한 대지에 자신을 내맡겨 본 용기가 부럽고 부자유친이라더니 아버지의 대를 이어 두 곱이나 먼 1만 5천킬로의 대장정大長程을 섭렵하고 있음이 다만 존경스럽다. 뉴-프런티어정신이 J.F.케네디의 전유물만이 아님을 웅변하고 있다.

등산 스타일조차 무소의 뿔 같다고 놀렸던 저자야 말할 나위도 없지만 어떤 불편도, 어떤 어려움에도 범사凡事에 감사한 마음으로 부지런히 공부하며 긴 여정을 잘 참아낸 처자妻子를 상상하면 '청출어람靑出於藍' 이 따로 없다.

원고를 한 장씩 읽으면서 더불어 행복한 이유는 이런 사람이 내 이웃에 함께 하고 있다는 존재감 때문이다. 씨를 뿌리는 사람은 생명을 뿌리는 사람이고, 나무를 심는 사람은 세월을 심는 사람이며, 글을 남기는 사람은 역사歷史를 남기는 사람이라고 했던가.

동 업계와 인생의 바다에 오래도록 꺼지지 않는 등불로 이 한 권의 책이 제 소임을 다 할 것을 믿는다. 그런 마음으로 저자의 동행자는 물론 아메리칸 드림을 꿈꾸는 많은 청소년들에게 일독一讀을 권하고 싶다.

– 辛卯年 仲秋節 구기동에서

허용범 전) 조선일보 워싱턴특파원

프롤로그

철 늦은 나이에 미국에서 공부를 했고 학업을 마친 후에는 업무상 여러 나라를 가 보았다. 자연히 집을 떠나있는 시간이 많았고 가족이란 누구이며 삶은 또 무엇인가라는 궁금증이 꼬리를 물었다.

바쁘게 지내던 어느 날 언젠가 놓아 주어야 할 손님인 아이들과 더 늦기 전에 시간을 나누고 추억을 만들며 나를 돌아보아야 되지 않을까 하는 생각이 머리를 스치며 이 여행을 시작하게 되었다.

주먹을 쥔 손으로는 아무것도 잡을 수 없다고 했던가. 여행을 계획하면서 나는 많은 것을 내려놓아야 했다. 올바른 삶의 길이 무엇이냐는 물음에 어떤 이는 자신의 영혼과 얼마만큼 일치하며 살았느냐를 기준으로 삼아야 한다고 했다. 생각할수록 쉽지 않은 화두다.

콜럼버스의 신대륙 발견과 유럽 청교도들의 아메리카 진출이 모두 동부지역이었으므로 미국의 역사는 서부개척과 그 궤를 같이 하고 있다. 그들의 뉴프런티어정신이 늘 궁금했던 참이라 여행의 기본 루트를 동→서→남→북으로 정하고, 아카디아 국립공원을 기점으로 1만 5천킬로미터 대장정에 나섰다.

하늘을 찌를 듯한 빌딩 숲에서 지미디 긴장된 모습을 하고 있는 뉴욕의 바쁘고 복잡한 인상은 밀워키의 할리데이비슨을 견학하면서 오토바이로 몇 달째 대륙을 횡단하고 있던 노부부의 이야기를 통해 세대를 초월한 여유와 자유로움으로 바뀌었다. 미 중부 한복판 데스모이네스 세탁소에서 현지 흑인들을 만났을 땐 미국인인 그들에게 오히려 우리가 뉴욕의 모습을 설명해 주어야 했고, 그렇게 살아가는 사람들의 모습에서 미국이 풍요로움과 기회의 땅이라는 것에 잠시 의문을 가지기도 하였다.

우리를 정신없이 들뜨게 했던 라스베가스의 풍광도 그랜드 캐년의 붉은 황토 바람 앞에선 맥을 추지 못하더니 바람이 협곡을 지나면서는 풀과 나무들의 푸른 생명체로 거듭나고 있었다. 샌프란시스코 부둣가에서 먹은 조개수프와 고추장의 조화는 더위와 긴 여행으로 지친 우리들을 단번에 구원해 주었고, 그 때문인지 금문교의 색깔이 고추장색으로 보이기도 하였다. 캘리포니아 북부 레드우드 국립공원을 지날 땐 수 십 미터 원시림에서 영화 '쥬라기 공원'에 들어간 듯한 착각에 빠지기도 하였고, 디지털 시대의 대표격인 마이크로 소프트사와 보잉사가 있는 시애틀을 지나면서는 불과 얼마 떨어지지 않은 곳에 수백만 년전 모습을 그대로 간직한 레이니어 국립공원이 있어 우리의 발길에 겸손을 얹어주었다.

동부에서 서부로

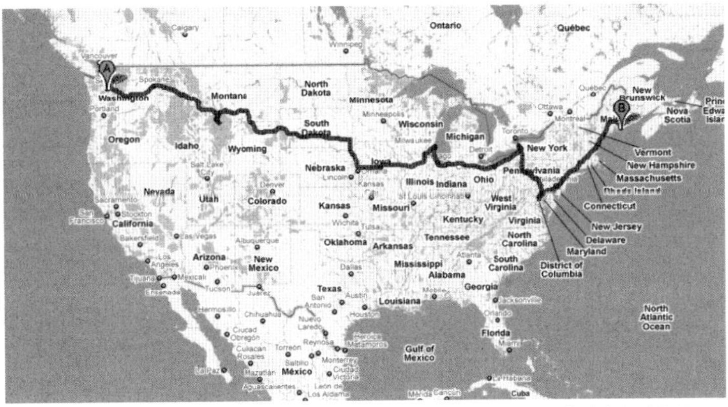

동쪽에서 출발하여 서쪽 끝으로

1

1만 5천 킬로미터의 시작

– 아카디아 국립공원, 메인주(Acadia National Park, ME)

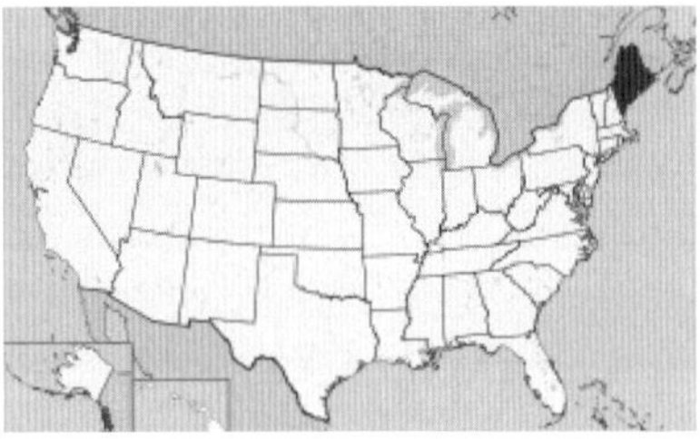

아카디아 국립공원은 뉴욕에서 약 780킬로미터(490마일), 자동차로 8시간 이상 소요되는 거리에 자리 잡고 있다. 자동차로 8시간 걸린다는 것은 쉬지 않고 계속해서 달렸을 경우를 말하므로 보통 가족 여행을 할 때는 그보다 더 많은 시간이 필요하다.

서부의 록키 산맥에 있는 공원들이 남성적인 느낌을 주는데 비해, 제주도의 약 10 분의 1 크기에 해당하는 이 공원은 다소 여성적이며 서정적인 느낌을 준다. 그런 까닭인지 1997년 미국 관광국 조사에 의하면 다시 찾고 싶은 국립공원 1위에 오를 만큼 잔잔한 매력을 지닌 곳이기도 하다.

이 공원은 큼직한 3개의 섬인 마운트 데저트 아일랜드*Mount Desert Island*, 스쿠딕반도*Schoodic Peninsula*, 그리고 아일 오 호트*Isle au Haut*로 이루어져 있는데, 우리는 이들 중에서 가장 크고 대중적이며 볼거리가 많은 마운트 데저트 섬에만 집중하기로 하였다.

마운트 데저트 섬에 도착하여 무엇부터 해야 할까 순서를 정하려는데, 딸아이 윤경이는 바다에서 즐기는 카약과 섬을 돌아보는 크루즈를 하자며 조르고, 아들인 태규는 자전거로 섬을 둘러보거나 배를 타고 나가 고래를 구경하자고 조른다.

서로간의 의견 대립은 여행을 하다보면 자주 일어날 수 밖에 없다. 그래서 아이들에게 지금 우리는 관광이 아니고 여행중이라는 사실을 자세히 설명하여 설득한 후, 아카디아 국립공원에서 빼놓을 수 없는 곳으로 알려진 캐리지 로드를 자전거로 먼저 돌아보기로 했다.

자전거를 빌리는데는 어른이 하루에 18~20불, 반나절인 경우에는 15불이고, 아이들은 각각 13불씩이었다. 자건거와 함께 따라온 지도에는 힘든 정도에 따라 초보자, 중급자, 그리고 고급자로 나뉘어져 있었는데, 어떤 길이든 그 길만 잘 따라 다니면 좋은 여행이 될 수 있도록 정리가 되어 있었다.

캐리지 로드는 1913년 자동차가 도입되었을 때 존 록펠러 주니어가 자동차를 피하여 마차와 말이 다닐 수 있는 길을 만들면서 시작되었다고 한다. 총 72킬로미터나 되는 이 자전거 도로는 완만한 경사와 공원 안쪽을 최대한으로 살펴 볼 수 있도록 설계되어 있었는데, 호수를 따라 돌아갈 수도 있어 경치가 무척 아름다웠다.

우리가 미 대륙을 횡단할 목적이 아니었다면 며칠동안 자전거만 타고 섬을 구석구석 돌아다니면서 보고 싶을 정도로 경치 뿐만 아니라 자전거길의 정돈된 상태나 안내문, 휴게소 등이 잘 마련되어 있었다. 또한 자연상태 그대로인 나무나 돌 등을 이용하고 있는 자연친화적 설계가 인상적이었다.

아카디아 국립공원-자전거길

잠시 땀을 식히기 위해 호수가 근처에 자전거를 세워놓고 아이들과 물장난을 치며 즐겁게 시간을 보내고 있을 때 근처에서 휴식을 취하던 스미스 부부가 우리를 보고 한국에서 왔느냐고 물어왔다. 어떻게 한국사람인지 알았느냐고 했더니, 남편이 회사일로 한국 수원에서 2년 정도 근무를 한 적이 있었다면서 한국에서의 추억을 잊을 수 없다고 한다. 특히 불고기와 김치를 무척 좋아했다면서 지금도 한국에서의 김치 맛은 잊을 수가 없다 한다.

"한국의 김치맛은 세계적인 맛이지요."

라고 자랑스럽게 대답하며 우리가 지금 어떤 여행을 시작했는지 잠시 설명하였다. 그리고 이곳을 짧은 시간에 효율적으로 돌아볼 수 있는 방법에 대해 의견을 구하였다. 스미스 부인은 자기 고향이 이곳이라면서, 즐길 수 있는 것들이 너무나 많다고 한다. 배를 타고 섬을 둘러보거나 캐나다 지역인 노바스코시아를 페리로 다녀와도 좋지만, 그 중에서도 바 하버*Bar Harbor*라는 공원 내 조그만 타운을 둘러보거나, 아니면 이곳 해변을 따라 만든 산책로를 걷는 것이야말로 꼭 해보아야 할 일이라며 적극 권한다.

스미스 부부가 추천한 바하버 시내에는 저녁에 많은 사람들이

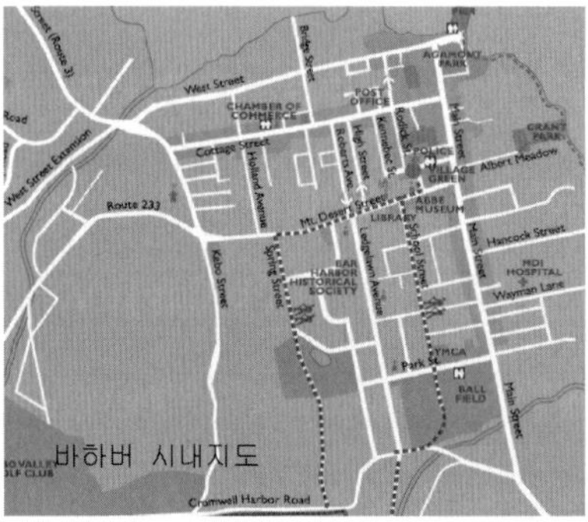

바하버 시내지도

집밖으로 나와 자연과 음식을 즐기고 있었다. 그 모습이 너무나 평화롭게 보였다. 그런데 아들 녀석이 아까부터 기념품 가게 앞에서 꼼짝을 하지 않고 있

메인주*Maine State*의 대표적 특산물인 바닷가재*Lobster*

다. 가까이 다가가 보니 영화 '반지의 제왕'에 나온 칼 모형이 진짜처럼 진열되어 있었다. 아들녀석은 사달라고 떼를 쓰는데 가격을 보니 무려 700달러가 넘는다.

아들녀석에게 가격이 얼마인지 알려주고 그 가격이 어느 정도 큰돈인지를 설명해 주느라 진땀을 뺐다. 결국 이곳 메인주의 특산물인 랍스터 요리를 먹는 것으로 협상(?)을 마무리 했다.

이곳은 미국 랍스터의 약 50%를 생산하며 해마다 7~8월이면 랍스터 축제가 열리는 곳으로도 유명하다. 그래서일까 랍스터를 취급하는 음식점들이 많았다. 한국에서는 랍스터 요리가 꽤 비싼 음식이어서 러시아산 킹크랩이 꿩 대신 닭노릇을 한다는 이야기를 들었는데, 이곳에서는 어른 한 명이 15불 정도면 배불리 먹을 수 있다.

우리는 마치 노량진 수산시장에 온 것처럼 수족관에 있는 랍스터를 골랐다. 주인은 바닷물에 20분 정도 끓이면 충분히 먹을 수 있다며 다되면 알려준다고 자리에 가서 기다리란다. 즉석에서 요리된 음식은 정말 일품이었다. 그 순간 와인보다는 소주 생각이 간절히 나는 것을 보면 나 또한 어쩔 수 없는 한국인인가 보다.

다음날 아침 일찍 서둘러 이 섬의 정상인 캐딜락 서밋*Cadillac Summit*으로 향하였다. 공원 순환도로*Park Loop Road*를 따라 곧장 정상에 올라 서니 서쪽을 뺀 삼면의 푸른 바다가 우리를 반긴다. 불과 해발 460미터 정상이지만, 미 대륙에서 첫 번째로 멋진 일출을 감상할 수 있는 곳이라 한다. 떠오르는 태양이 대륙

횡단 첫걸음의 우리 가족에게 힘찬 응원을 보내주는 것 같다.

이제부터 미 대륙 횡단이다.

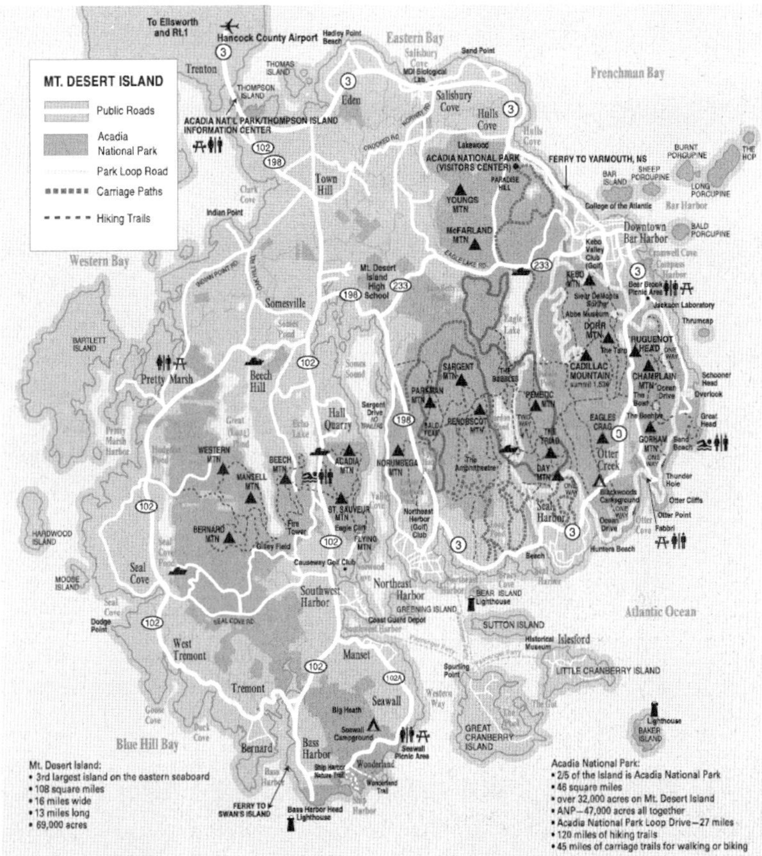

아카디아 국립공원중 가장 큰 섬인 마운트 데저트섬

MK메모

〈미국의 국립공원〉

》 미국의 국립공원은 입장료가 공원별로 다르다.

》 일일입장권*Daily pass*, 일주일입장권*Weekly pass*도 있으며, 연간회원(가입비 50불)이 되면 미국에 있는 모든 국립공원을 1년간 자유롭게 입장할 수 있다.

》 하지만 이 패스는 주차료를 포함하지 않는다. (모든 공원이 주차료를 부과하지는 않는다. 주차료를 내야하는 경우에만 해당된다.)

》 만약 15불을 더 내고 골든 이글 스티커*golden eagle sticker*를 구입하면, 미국 fish and Wildlife service, US forest service and beureu of land management sites를 무제한으로 이용할 수 있다.

》 62세 이상인 사람은 10불에 golden age passport를 구입할 수 있는데 이는 평생무료로 사용할 수 있다.

》 장애인은 무료로 lifetime golden access passport를 받을 수 있다.

》 공원패스가 있으면 개인 소유 차량 안에 있는 사람은 모두 무료이다.

》 애완용동물인 경우 산책로나 빌딩 안 그리고 back county는 입장할 수 없으며, 장소에 따라 줄로 묶어 다녀야 하는 곳도 있다.

》 국립공원을 다니다 보면 야생동물을 쉽게 볼 수 있는데, 가까이 간다거나, 음식을 주거나 자극을 줄 수 있는 행동들은 하면 안 된다. 보기에 순해 보이는 동물이지만 야생이어서 언제 어떻게 변할지 모르기 때문이다. 실제로 곰은 그 속도가 사람보다 빨라 일단 공격해오면 피하기가 상당히 어렵다. 많은 경우 여행객이 사망이나 부상을 당하는 경우는 야생동물을 너무 순수하게 보고 행동하다가 일어나는 경우이다.

2 교육의 도시

- 보스톤, 메사추세츠주(Boston, MA)

아카디아 국립공원을 출발하여 3번 국도와 주도인 I-95를 타고 남쪽으로 약 480킬로미터 쯤 내려가면 우리에게 교육의 도시로 알려진 보스톤이 나온다.

뉴욕주의 주도는 알바니*Albany*이지만 경제, 문화의 중심지는 뉴욕이다. 버지니아주와 같은 경우도 주도는 리치몬드*Richmond*이지만 북부 버지니아인 페어펙스나 알링톤 같은 곳에 많은 사람들이 모여 산다. 또 뉴저지주의 주도는 트렌턴*Trenton*이지만, 주거지로 발달한 곳은 북쪽 버겐카운티이다. 이처럼 많은 경우

각 주의 수도*capital*와 경제, 문화의 중심지가 다른 경우가 많다. 그러나 메사추세츠주는 보스톤이 주도*capital*이면서 아울러 경제, 문화, 교육의 중심 도시이다.

보스톤은 신대륙 발견 이후 유럽의 많은 사람들이 실질적으로 발판을 이루고 살기 시작한 도시로서, 미국 역사에 큰 획을 그어 놓은 보스톤 차*tea* 사건으로 유명해진 곳인데, 이곳을 포함한 뉴잉글랜드 지역은 뉴욕이나 샌프란시스코와는 다른 유럽적 분위기와 청교도적 사고가 많이 남아 있어 아직도 자부심이 대단한 지역이다.

또 이곳은 하바드나 MIT와 같은 명문대학 도시로 우리에게 많이 알려져 있는데, 존 에프 케네디의 생가도 있고 포춘지에서 뽑은 가장 일하고 싶은 기업 중 하나인 보스톤컨설팅 그룹도 이곳에 자리잡고 있다. 그 외에도 세계적 제약회사인 아스트라 제네카와 최고의 컴퓨터 시스템 기업 중 하나인 시스코 같은 기업들도 자리잡고 있다.

이처럼 세계적인 회사들이 이 지역에 자리잡고 있는 까닭은 이곳에 있는 학교들과 연계하여 우수한 인재들을 받아들여 연구와 개발을 통해 효율적이며 경쟁력 있는 기업으로 성장하기 위한 기업들의 전략적인 노력이 계속되고 있기 때문이다.

뉴욕에 뉴욕커의 스타일이 있고 샌프란시스코에 그들만의 스타일이 있다면, 보스톤에는 뉴베리 스트리트를 중심으로 독특한 문화와 패션을 계속해서 창조하며 이를 유지하고 있는 보스토니안들이 있다. 우리 가족은 나를 포함하여 5명의 형제가 있는데, 그 중 셋째가 이곳 보스톤에서 공부하고 있었기에 여러 번 방문한 적은 있었지만, 가족이나 친구를 찾아갔을 때 느끼는 것과 이번처럼 어떤 목적을 가지고 여행을 하면서 보는 것은 관점이 사뭇 다르기만 했다. 아버지께서 항상 여행과 관광은 다르다고 말씀하시면서 관광이라는 것이 다분히 수동적인 행위이라면, 여행이란 보다 능동적으로 계획하고 움직여야 하므로 같은 장소를 다녀왔어도 분명히 다른 무엇을 느끼게 된다는 말씀이 새삼 떠올랐다.

하버드대학은 1636년에 설립된 미국에서 가장 오래된 대학으로, 존 에프 케네디 등 6명의 대통령과 33명의 노벨 수상자를 배출하였다. 우리가 하버드대학을 첫 번째 방문지로 선택한 것은 교육의 도시에서 가장 유명한 대학을 찾아 직접 몸으로 느껴 보고자 하는 마음에서였다.

이곳에서 가장 대중적인 곳은 하버드 야드라고 불리는 곳으로 수백 년 된 아름다운 건물들이 밀집되어 있으며, 하버드대학의 설립자인 존 하버드의 동상도 볼 수 있다. 지금은 관광 코스 중 하나가 되어 버린 것이 바로 이 동상의 발에 손을 대고 기원을 드리는 것인데, 우리가 이곳에 도착했을 땐 이미 많은 관광객들이 줄지어 소원을 빌고 있었다. 특히 중국 관광객들이 단체로 와 기도를 하고 사진을 찍느라 야단일 걸 보니 우리나라 못지 않게 교육열이 높은 나라 중 하나가 중국이라는 생각이 들었다.

우리나라와 중국, 일본은 교육열이 대단한 나라들이다. 그러나 왜 공부를 하며, 앞으로 공부를 통해 무엇을 추구하고 싶은지에 대한 목표의식은 열기 만큼에는 미치지 못하는 것 같다. 우리나라 학생들 중에서도 궁극적인 삶의 목표 없이 수동적으로 살아오면서 부모님의 엄청난 노력과 지원을 받고 이곳에 온 학생들 중 일부는 입학을 하고 난 다음 학업과 삶의 목표를 찾지 못하고 방황하는 경우가 더러 있다고 들었다. 그런 방황 속

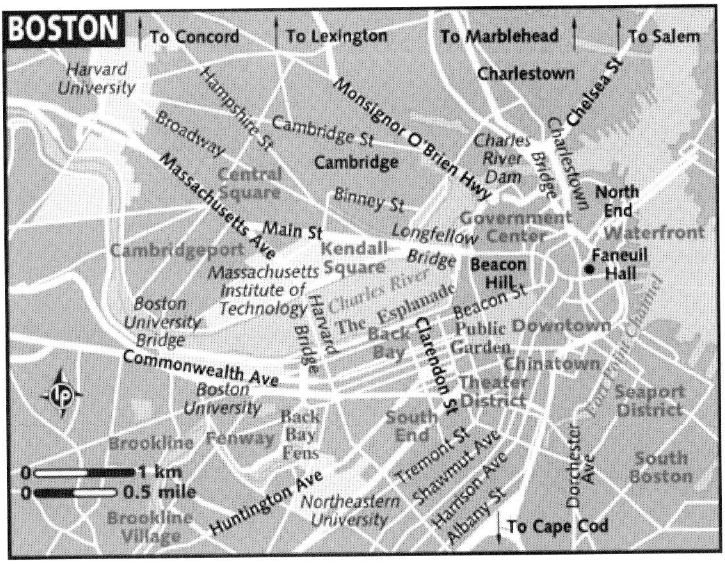

보스톤 시내 지도

에 학교에서 요구하는 강도 높은 학습내용에 적응하지 못하거나, 독립심과 창의력 부족으로 제대로 학교생활에 적응하지 못하고 좌절하거나 심지어는 자살까지 하는 학생도 있다고 한다. 그 이야기를 들으면서 우리는 자녀들에게 무엇을 알려주고 전달하는 것이 궁극적으로 아이들과 이 사회를 위하는 길일까를 곰곰이 생각해 본다.

한참을 기다려서야 단체로 온 중국인들이 떠나고 우리 차례가 되어 가족 모두가 소원을 함께 빌었다. 아이들에게 사진을 찍자고 했더니 무슨 이유에서인지 싫다고 한다. 이럴 경우 부모가 원하는 대로 해야 하는 건지 아니면 아이들이 원하는 대로 해줘야 하는 것인지 아리송하기만 하다.

지도에서 볼 수 있듯이 MIT대학은 찰스강을 바라보며 하버드대학과 불과 3~4킬로 정도 떨어져 있어 자동차로 10분 정도면 갈 수 있는 곳에 위치하고 있다. 날씨도 너무 좋고 주차도 복잡할 것 같아 천천히 MIT대학까지 걸어가기로 하였다.

걷다보니 자동차를 타고 갔더라면 보지 못했을 많은 것들이 우리 눈에 들어온다. 처음 들어보는 작은 피자가게 이름과 강변의 새들, 그리고 한가로이 벤치에 앉아 햇살을 즐기는 연인들, 바람에 산들거리는 나뭇가지들. 이 모든 것들이 삶의 한 부분으로 이곳 학생들에게 지혜의 향기를 보태주는 것은 아닐까 생각해본다.

한참을 걷다 보니 MIT대학 바로 앞에 있는 다리까지 도달하였는데 그 다리 이름이 '하버드 브리지' 이다. 바로 앞에 MIT가

보스톤에서 공부하던 셋째 동생집에서 잠시 즐거웠던 한때

있는데 다리 이름이 하버드 다리로 명명되어 있어서 MIT대학에 다니는 학생들 사이에서 논란이 되기도 했다는 이야기를 들은 적이 있다. 아무튼 하버드 다리를 건너다니면서 MIT대학에서 공부하고 있는 많은 공과대학생들은 무슨 생각을 했을지 자못 궁금했다.

뉴욕에 센트럴 파크가 있다면 이곳에는 보스톤 광장이 있다. 미국에서 가장 오래된 공원 중 하나이며 대중집회가 많이 열리는 관계로 공원이라는 파크*Park* 대신 광장이라는 커몬*Common*을 사용하고 있으며, 지하에는 매우 큰 주차장이 있다.

우리는 이곳 광장에서 출발하는 프리덤 트레일*Freedom Trail*을 따라 걷기로 하였다. 약 4킬로미터의 붉은 선이 도로에 그려져 있는 이 산책로는, 마치 마라톤 경주 때 미리 그어놓은 선을 따라 가듯 빨간 선을 따라가기만 하면 보스톤의 역사와 미국 건국에 관련된 사적 16군데를 둘러볼 수 있고 퀸시마켓이라는 수산시장도 만날 수 있다.

우리나라에는 부산에 자갈치시장이 있고, 샌프란시스코에는 피셔맨즈 와프*Fisherman's Wharf*가 있듯이 이곳에는 퀸시마켓이 그 역할을 하고 있다. 퀸시마켓에서 살아 움직이는 싱싱한 해산물과 기념품 가게들 사이로 바쁘게 움직이는 사람들을 보면서 역시 사람이 살아가는 삶의 모습은 어느 곳이나 다르지 않구나 싶었다.

교육의 도시 보스톤에 오니 갑자기 어떤 분의 경험담이 생각난다. 오랫동안 외국생활을 마치고 온 가족이 다시 한국으로 돌아갔는데 한국의 학교 공부를 따라가기 위해 어떤 학원을 찾아갔다고 한다. 그런데 상담을 시작하면서 학원 관계자가 '선행'을 얼마만큼 하였느냐고 물었는데 그 부모는 아이가 착하고 성실하기는 하지만 지금까지 많은 선행활동을 하지는 못했다면서 어떤 선행을 베푸는 것이 한국에서 필요한 것인지를 다시 물어보아 상대방을 당황케 했다는 이야기다.

요즘 우리나라도 세계화 물결에 따라 조기유학이나 어학연수 또는 직장일로 많은 사람들이 여러나라로 나가고 있다. 세상이 변화되고 있는 만큼 다양한 언어와 문화 등에 대한 이해가 중요해진 시대이지만 우리 것에 대한 이해와 사랑이 선행되면서 다른 문화를 접해야 내가 누구인가에 대한 정체성 문제가 어느정도 해결되지 않을까? 그분의 경험담을 단지 유머로 넘기기에는 너무나 많은 변화 속에 우리는 살아가고 있다.

MK메모

〈미국의 교육제도〉

》 미국의 교육학제는 유치원부터 시작하여 초등학교, 중학교, 고등학교와 2년제 초급대학, 4년제 대학, 대학원 또는 전문대학원으로 되어 있다.

》 지역에 따라 초등학교, 중학교, 고등학교가 6-3-3, 5-3-4, 4-4-4, 또는 6-2-4 등으로 다르기도 하며, 같은 카운티(우리나라의 구나 군 정도) 안에서도 동네*town*마다 각기 다른 학제를 운영하는 곳도 있다.

》 미국의 교육은 대체적으로 학생의 자율성, 독창성, 사회봉사활동 그리고 각자 가지고 있는 관심사항을 독려하며, 인정하고 평가하는 방식의 교육이라 할 수 있으나 곳에 따라 학생간의 경쟁이 치열하고 개인교습을 받으며 좋은 대학을 가기 위한 준비를 많이 하는 지역이나 사립학교도 있다.

》 학사학위를 받는 대학을 보통 'College' 또는 'University' 라고 부르며, 대학원이 없는 'University' 가 있기도 하고, 대학원 과정이 개설되어 있는 'College' 도 있으며, 1학년 2학년 과정만 개설되어 있는 'College' (*Community College* 또는 *Junior College*라 부름)의 경우 준학사인 'Associate Degree' 를 취득한다.

》 미국에서 'Gtaduate 또는 Postgraduate' 라 함은 대학원 과정을 말하며, 대학원에서는 '석사*M.A*' 와 '박사*Ph.D.*' 학위를 수여한다.

》 법과대학, 의과대학, 치과대학, 약학대학 등은 일반대학의 4년(또는 2년이상) 과정을 졸업하고 입학하는 전문대학원*Professional School*으로 구성되어 있는 경우가 많으며, 졸업을 하면서 Doctor of Medicine, Doctor of Pharmacy와 같이 전문직 닥터학위를 취득한다.

》 미국과 한국의 교육과정을 단순히 비교하여 어느 쪽이 더 나은가를 판단하기는 어렵다. 한국의 경우 학생들이 각자 가지고 있는 소질과 관심을 객관적으로 평가하고 서로 인정하는 사회적 시스템을 바탕으로 학부모, 교사, 학생들이 지금과 같은 시간과 정열을 쏟는다면 최고의 경쟁력이 있을 것이다.

3 별장(맨션) 천국

– 뉴포트, 로드아일랜드주(Newport, RI)

퀸시마켓의 바닷바람을 뒤로 하고 남쪽으로 약 3시간 내려가다보면 로드아일랜드*Rhode Island*주의 뉴포트*Newport*에 닿는다. 보스톤 하면 하버드나 MIT, 뉴욕 하면 자유의 여신상 등이 생각나지만 로드아일랜드주 하면 딱히 떠오르는 이미지가 없어 무엇을 어떻게 보고 가야할지 조금은 막막하였다.

로드아일랜드주는 전체 인구가 100만 명을 조금 넘는 작은 주이지만 영국으로부터 최초로 독립을 선언한 역사 깊은 주이다. 프로비던스*Providence*가 로드아일랜드의 주도*Capital*이나, 많은 사람들에게 알려진 곳은 미국에서 손꼽히는 휴양지이며 세계 최대의 요트 천국으로 알려진 뉴포트이다.

뉴포트는 항구가 아니라 세 개의 다리로 연결된 작은 섬인데, 매년 재즈 페스티발이 열리고 있으며 각국에서 온 많은 종류의 범선과 요트들이 한데 모이는 배 축제도 해마다 열린다. 이곳이 유명한 휴양지로 성장한 것은 18세기부터 사업으로 많은 부를 축적한 철도왕과 금융업자들이 해안선을 따라 유럽의 화려한 궁전과 비슷하게 별장을 지으면서 시작되었다. 그렇게 약 200여 채가 지어지면서 미국에서 부자들의 여름 휴양지로 자리를 잡게 되었다.

우리는 먼저 게이트웨이 방문객 센터에 들렀는데 다른 지역과 마찬가지로 자원봉사자로 보이는 나이가 제법 지긋해 보이는 아주머니께서 우리를 반겨주었다. 이름이 크리스티나였는데, 동양인은 많이 방문하지 않는다면서 자기는 가을에 태국과 일본을 여행할 예정이라며 한국은 어떤 나라인지 궁금해 했다.

크리스티나에게 오천 년 역사와 전통 음식 등 잠시 우리나라 자랑을 하고 나니 그 분도 자세하게 이 지역에 대한 설명을 하면서 별장 안내문과 뉴포트 시내 지도를 건네준다.

지도를 따라 뉴포트 시내를 걸어 다녔는데 인기 있는 부둣가인 바니스터 와프*Bannister's Wharf*에는 마침 요트 페스티발로 많은 아름다운 범선들이 정박해 있어 장관을 이루고 있었다.

잠시 범선을 감상한 다음 서둘러 '뉴포트 맨션 관리사무소'로 향했다. 그곳에서는 총 12개의 맨션을 감상할 수 있도록 추천하고 있었지만, 한 곳을 둘러보는데 적어도 2~3시간은 걸리기 때문에 그 중 가장 유명하며 많은 관광객들이 찾는다는 브레이커스*Breakers*와 마블하우스*Marble house* 그리고 엘름하우스*The Elms*만을 돌아보기로 하였다.

안내원을 따라 들어간 브레이커스는 유명한 철도왕이었던 밴더빌트 집안의 여름별장으로 총 70여 개의 방으로 되어 있었다. 마블하우스는 밴더빌트가 부인의 39세 생일을 기념하여 지은 별장으로 대리석 비용에만 그 당시 돈으로 자그마치 칠 백만 불 정도 들었다고 한다. 베니스 풍 그림과 르네상스시대 도자기, 동양의 보석 그리고 방 전체가 자연 대리석 조각만으로 색깔을 맞춰 지어진 것들을 보면서 그 모든 정성, 비용, 시간을 생각하

브리커스맨션 뒤뜰에서 아이들

니 정말 대단하다는 생각과 함께 아찔한 생각마저 들었다.

자본주의 사회에서 정당한 방법으로 부를 축적한 것은 당연한 것이겠지만, 한 개인의 욕망을 위해 이런 방식으로 엄청난 돈을 쏟아붓는 것에는 차마 동의를 하기가 어려운 생각이 들었다. 아마도 앞으로 자본부의 사회에서 더욱 필요한 가치는 사회 지도

층의 '노블레스 오블리주*Nobless Oblige*'가 아닐까 잠시 생각해 본다.

맨션 구경을 마치고 뒤편으로 바다를 보면서 산책할 수 있는 길을 따라 걸어가보니 많은 가족들이 바다와 태양을 즐기고 있었다. 어느새 아이들이 쏜살같이 달려가 파란 눈의 아이들과 어울려 마치 서로 오래된 친구처럼 이야기하며 노는가 했더니 갑자기 아들녀석이 소리친다.

"아빠 빨리 와 보세요!"

"애가 제임스이거든요. 아빠 따라 서울에서 2년 동안 살았었는데 오늘 자기집에 놀러 가자는데요?"

참으로 대답하기가 난감했다. 금방 친해지고 터놓고 이야기할 수 있는 아이들의 세계가 부럽기만 하다. 제임스에게 고맙지만 바쁜 우리의 여행 일정을 설명하니 무척 아쉬운 표정이다. 아마도 한국에서 좋은 인상을 많이 받았기 때문에 그러하지 않았나 싶다.

바다와 조화를 이루고 있는 별장 뒤의 산책로가 너무도 깨끗하게 관리되어 있어 우리나라 바닷가에서 흔히 볼 수 있는 조그만 카페나 쉼터가 없다는 것이 한편으로는 아쉬울 정도였다.

환경에 따라 그 나라의 문화도 걸맞게 변화하는 것은 당연한 것인가 보다. 문득 예전에 속초의 경포대나 부산 해운대에 다녀온 기억이 아이들에게 얼마나 남아있을까 궁금해졌다.

"동해안에 있는 속초 대포항이라는 곳에 가본 적이 있는데 기억나니?"

하고 아들녀석에게 물어보았다.

"글쎄…요…"

"네가 좋아하는 오징어 회도 먹고 그랬었는데……"

영 기억이 나지 않는 모양이다. 언젠가 다시 한번 다녀와야 할까보다. 아무리 가족이라도 많은 체험과 추억들을 공유해야 시공을 초월해 함께 할 수 있다고 믿기 때문이다.

MK 메모

〈미국의 부동산(주거용)〉

- 주거용 부동산을 종류별로 크게 나눈다면, 단독주택*Family House*, 타운하우스*Town House*, 콘도미니움*Condominium, Condo*라고 함, 그리고 코압*Co-op* 등이 있다.
- 단독주택*Family House* – 우리가 보통 생각하는 단독주택의 형태로서, 랜처, 스플릿, 콜로니얼, 케이프 등이 있다.
- 타운하우스*Town House* – 우리나라의 연립주택과 비슷한 개념으로 여러주택이 독립적으로 서로 붙어있는 형태이다.
- 콘도미니움*Condominium* – 우리나라의 아파트와 비슷한 개념으로, 개인 이름으로 등기를 하며, 건물 외부와, 수영장, 헬스장, 파티룸 등은 공동으로 관리하며 이를 매달 관리비 형태로 지불한다.
- 코압*Co-op* – 우리나라의 콘도와 비슷한 개념으로 아파트나 타운하우스 형태로 되어있는 것이 많으며, 일년중 일정 기간만 사는 것이 아니고, 반영구적 주거지로서 계속해서 살 수 있으나, 회사의 일정 지분을 갖는 형태이기 때문에 자기가 주거하고 있는 집을 사고 팔 때 자기 단독으로 결정하지 못하는 경우가 많으며, 공동관리위원회 같은 곳의 승인을 받아야 하는 번거로움이 있다.
- 주마다 다르겠으나, 보통 집을 거래할 때 부동산 수수료는 파는 사람이 지불하는 경우가 많으며, 사는 사람은 변호사 비용, 부동산감정 비용, 타이틀(등기) 감정 비용, 주택보험 비용 등을 주로 준비하게 된다.
- 집 구매시, 대부분 융자를 받게 되는데, 신용등급(신용점수), 신분(비자종류 등)에 따라 이자율이 다르며, 원금과 이자를 동시에 갚을 것인지, 이자만 내는 것을 선택할 것인지, 고징/변동이율, 기간은 몇 년으로(5년, 10년, 30년 등) 할 것인지 등을 모두 고려하여야 한다.
- 대개의 경우 팔려는 집에 대한 자세한 정보(건축년도, 자세한 증개축내용, 하자내용, 홍수피해 경험 등)를 구매자가 미리 알 수 있으며, 중개업자는 구매자에게 모든 내용을 사전에 자세하게 알려주어야 한다. 사고자 하는 집은 몇 번이라도 방문하여 궁금한 것을 체크할 수 있으며, 만약 중개업자의 소개내용이 부실하거나 사실과 다른 경우 법적인 책임이 무겁다.

4 도시와 공원

– 뉴욕, 뉴욕주(New York, NY)

영화에서나 볼 수 있었던 꿈 같은 맨션을 뒤로 하고 아이비 명문 법과대학으로 유명한 예일대학교*Yale University*가 있는 커넷티컷주를 지나 주간고속도로 I-95를 따라 남쪽으로 약 320 킬로쯤 내려오니 상당히 복잡한 이정표가 우리를 당혹하게 한다.

복잡한 도로표지판과 엄청나게 많은 자동차로 인해 자칫 방심하면 맨해튼 시내로 진입하지 못하고 동쪽 다리를 지나 퀸스가 있는 롱아일랜드로 들어가거나 서쪽에 위치한 뉴저지로 넘어가게 된다. 그런 까닭에 자동차로 맨해튼을 진입할 땐 마치 심장

맨해튼 미드타운에서 다운타운을 바라본 모습. 멀리 자유의 여신상도 보인다.

의 혈관망 속으로 내 자신이 빨려 들어가는 느낌을 받는다. 예전에 보스톤을 다녀온 일이 있었는데 뉴욕스테이트 쓰루웨이 *New York State Through Way*를 타고 다시 내려왔던 북쪽으로 올라갔다가 1시간 만에 되돌아온 아픈 경험이 있기도 하다.

많은 사람들이 보통 뉴욕시라고 하면 맨해튼을 생각하는 경우가 많은데, 공식적으로 뉴욕시는 지도에서 보듯 맨해튼(1번), 킹

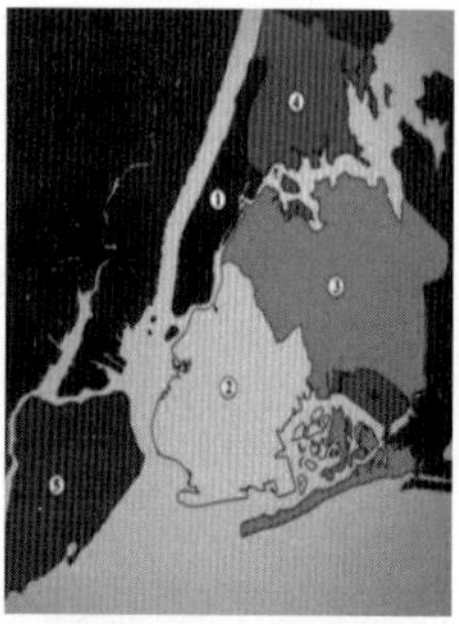

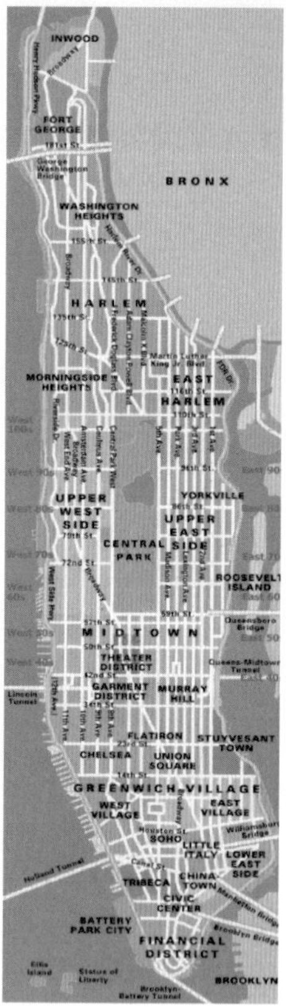

스(2번, 브룩클린이라고도 함), 퀸스(3번), 브롱스(4번), 그리고 리치몬드(5번, 스테튼 아일랜드라고도 함)의 5개 지역 전부를 말한다. 그리고 퀸스를 보고 있는 동쪽의 강을 이스트 리버*East River*라고 부르며, 맨해튼 서쪽의 뉴저지와 경계를 이루는 강은 허드슨 강*Hudson River*이다.

우리의 첫번째 일정은 맨해튼 중심부에서 무려 843 에이커(서울 올림픽공원의 약 3배 정도 크기)나 차지하고 있는 센트럴 파크를 산책하는 것으로 시작하였다. 이른 아침에 도착하였는데도 불구하고 많은 사람들이 아침운동을 즐기고 있었다. 공원 안의 산책로를 따라 걷고 있었는데 갑자기 믿을 수 없는 광경이 벌어져 있었다. 수백 마리의 개들이 한 장소에 모여 있는 것이 아닌가. 여러 종류의 개들이 각기 다른 꽃단장을 하고 한가로이 거닐고 있었으며, 그 주인들은 각기 커피 잔을 손에 들고 서로 담소를 나누고 있었다. 너무도 의아하여 그 중 온순하게 생긴 애완견 주인에게 다가가 물었다. 제니퍼라는 이 여성은 상냥하게 웃으며 대답하기를

"일주일에 한번씩 이곳에 모여 친교도 쌓고 정보도 교류하는 뉴욕 애완견 클럽이에요. 가입하실래요?" 한다.

"아니요, 고맙습니다만 사양하겠습니다. 지금 여행 중이거든요."

수많은 개들이 아름다운 공원을 점령하고 있는 이른바 개들의 천국인 셈이데, 애완견을 키우지 않는 우리에게는 조금 생소한 모습이라 딸아이는 어떻게 생각하는지 궁금하여 물어보았다.

"너는 저 모습이 이해가 되니?"

"아빠, 요즘 많은 사람들이 애완견을 키우고 있고 내 친구들도 이런 클럽활동 해요."

"그래?"

"그리고 남녀가 사귀는데 있어서 요즘은 애완동물이 아주 중

해마다 새해 행사가 열리는 뉴욕 맨해튼 타임스퀘어 광장

요한 중간 역할을 하기도 한대요. 그러니까 우리도 애완견 한 마리만 키우면 안되요?"

그렇지 않아도 아이들은 틈만 나면 강아지를 키우자고 극성이었는데 괜히 물어보았나 싶다. 애완동물을 통하여 남녀가 사귄다는 말을 들으면서 예전에 빵집이나 다방에서 만났던 우리들의 만남과 사귐의 방식도 시간이 흐르면서 많이 달라졌음을 느꼈다. 결국 내가 알고 있던 기준과 문화도 긴 세월 속에서 보면 잠깐 지나가는 바람과 같을지도 모르겠다.

공원을 한 바퀴 돌고 나오면서 비싼 도심 한복판에 자리잡고 있는 엄청난 가치의 이 장소가 모든 사람을 위한 공원으로 유지되고 있다는 사실이 무척이나 인상적이었다.

맨해튼은 남북으로 업타운, 미드타운, 다운타운으로 구분할 수 있는데 맨해튼 업타운 지역은 할렘가, 콜롬비아 대학, 미국자연사 박물관, 링컨 공연장 등이 위치하고 있다. 미드타운(중간지역)에서 유명한 곳은 타임스퀘어 광장, 동쪽의 유엔본부, 록펠러 센터, 패트릭 성당이다. 그리고 다운타운(아래쪽 지역)은 9 · 11테러로 지금은 그라운드 제로로 이름이 바뀐 세계무역센터 자리와 소호거리, 월스트리트, 리틀이태리, 배터리파크 등이 있다.

우리는 예전에 여러 차례 맨해튼을 방문한 적이 있었기 때문에 조금은 가벼운 마음으로 돌아다녔다. 사실 자연사 박물관 하나만 보기 위해서도 며칠을 봐야 할 정도로 그 규모나 내용이 풍부하기에 간단히 맨해튼과 뉴욕을 느끼긴 쉽지 않다. 또 날씨도 너무 더워 시간관리도 해야 하고, 계속해서 걸어 다녔기 때문에 아이들과 아내 건강도 챙기면서 속도 조절을 해야 했다.

아이들이 길거리의 핫도그로 대충 점심을 때운 터라 배도 고프고 조금은 지친 모양이다.

"태규야 많이 덥지? 그래도 걸어 다니면서 보아야 진정한 모습을 볼 수 있거든. 조금만 참자. 저녁엔 맛있는 뉴욕 곰탕 사줄게."

"난 곰탕보다 햄버거가 더 좋은데요?"

순간 뭐라고 대답을 해주는 게 좋을까 생각하면서 아내의 눈치를 보았다. 사실 우리들은 곰탕과 김치가 그리운데 아들 녀석은 그렇지 않은가 보다. 햄버거는 생각만 해도 속이 안 좋은데, 아들녀석의 바램 때문에 할 수 없이 햄버거로 저녁까지 때우게 생겼다.

일단 아이들과 합의를 끝내고 우리는 가보지 못했던 5번가와 6번가 사이 53번 도로에 위치한 MoMA 현대 미술관에 들러 잠시 휴식을 취하기로 했다.

모네, 피카소, 고흐 등의 작품과 최신 유행사진 및 디자인 등을 감상할 수 있는 그곳은 교과서에서 보았던 진품들을 눈앞에서 감상할 수 있어 좋았다. 아직 우리가 이같이 수준 높은 예술

작품을 이해할 수 있는 수준은 아니지만 나이가 들면서 자연과 예술에 대해 점점 관심이 가는 것은 자연스러운 현상이지 싶다.

많은 사람들이 미술관에서 감상을 하고 있는데 믿을 수 없을 만큼 조용하다. 유모차에 아기를 태우고 감상하던 한 부부는 아이가 울기 시작하자 조용히 전시장을 나갔다. 그 부부도 많은 시간과 비용을 들여 이곳까지 왔을 텐데 다른 사람들에 대한 배려와 예절을 지키는 모습이 매우 신선하게 다가왔다. 내가 남에게 그렇게 배려함으로써 그 혜택은 언젠가 다시 나에게 돌아올 것임을 그들은 아는 듯 했다.

뉴욕은 자본주의를 피부로 느낄 수 있는 곳이다. 그렇기에 정보와 지식이 부족하면 돈으로 메워야 하고 돈을 벌기 위해 수많은 경쟁이 이루어지고 있는 곳이기도 하다. 그러나 다른 면으로 보면 일반 시민들을 위한 공원이 있고, 예술과 역사를 함께 느낄 수 있으며 상대방을 위해 예절을 지키려는 사람들이 살고 있는 도시이기에 자본주의의 부정적인 요소들이 있다고 하더라도 탄탄한 매력을 지닌 맨해튼으로 존재하고 있지 않은가 생각해 본다.

MK메모

〈미국의 주state와 주를 연결하는 고속도로〉

– 주간도로*interstate*

지도에서 볼 수 있듯이 100번 이하의 숫자로서 홀수고속도로는 남북으로 뻗어있고, 짝수 도로는 동서로 향해 있다. 실제로 I–95를 타고 남쪽으로 계속 내려가면 마이애미비치*Miami Beach*가 나오고, I–80를 타고 서쪽으로 가면 샌프란시스코에 닿는다. I–95의 'I' 는 주간도로를 나타내는 Interstate의 약자로서 주와 주를 잇는 길*freeway*을 나타낸다. 그리고 요금이 대개는 무료이지만 일부 구간은 통행료를 내야 할 때도 있는데, 선불과 후불인 경우가 있다.

워싱턴 DC 근교와 같이 조금 큰 도시에 다다르면 I–495나 I–395처럼 100번 이상 되는 도로번호를 볼 수 있는데, 이 도로는 100번 이하인 95번과 연결되어 있으며 도시를 순환하거나 관통하는 고속도로이다.

주간도로를 이용하다 보면 중간에 식당, 주유소, 화장실 등이 있는 휴게소*Rest area*가 대부분 있지만, 어떤 경우에는 화장실 뿐인 곳도 있기 때문에 사전에 철저하게 준비하는 것이 항상 필요하다.

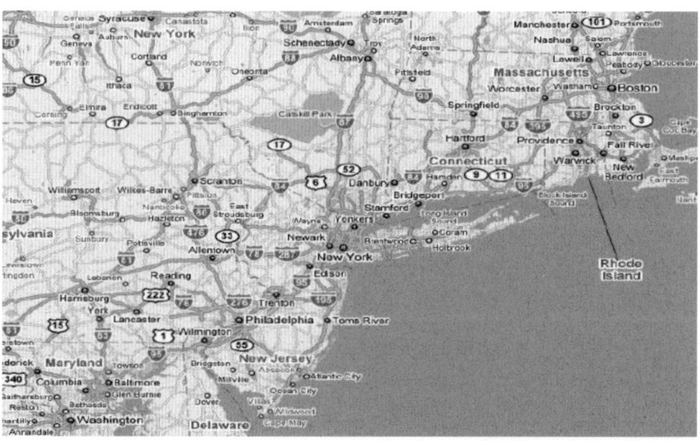

5 공존의 이유

–뉴욕, 뉴욕주(New York, NY)

다음날 우리는 맨해튼 아랫쪽 다운타운으로 향했다. 그 지역은 그라운드제로, 배터리공원, 브룩크린다리, 리틀이태리, 소호*SoHo*, 뉴욕대학, 차이나타운 등으로 유명한데, 그 중에서도 뉴욕증권거래소*New York Stock Exchange*가 있는 월 스트리트와 자유의 여신상이 가장 널리 알려진 곳이 아닌가 싶다.

25년 전, 혼자 배낭여행으로 왔을 때는 자유의 여신상 머리 부분 왕관까지도 걸어서 올라갈 수 있었으나, 2001년 9 · 11 사태

뉴욕 세계무역센터 테러(9 · 11사건)때 자원봉사에 나섰다가 순직한 마을 소방관들의 이름을 새겨넣은 기념비

이후 금지되었다고 한다. 안내소에 물으니 그보다 훨씬 아래쪽에 있는 전망대를 가기 위해서도 새벽부터 줄을 서야 한다기에 그냥 여신상이 있는 섬에 들러 주변을 둘러볼 수 밖에 없었다.

월 스트리트를 지나면서 많은 볼거리와 멋진 모습을 보며 세계적인 도시임을 느낄 수는 있었지만, 그 모든 찬란한 것들의 이면에는 많은 비용이 요구된다는 사실을 깨닫게 된다.

간단한 예를 들면 다운타운 쪽에 2~3시간 자동차를 주차하기 위해서는 약 20~30불 정도를 지불하여야 하며, 미드타운으로 이동하여 주차해도 역시 비슷한 주차비를 내야 한다. 물론 곳곳에 설치되어 있는 스트리트 파킹(도로변 주차)을 시간당 약 2~3불 내고 할 수 있는 곳도 있고, 무료로 할 수 있는 뒷골목도 있다. 그러나 실제로 그곳에 주차하기란 정말 어렵고 또 그 자리를 찾기 위해 많은 시간을 소비해야 한다.

세계무역센터가 있던 자리.
9 · 11 테러 이후 '그라운드 제로'라고 불린다.

그리고 교통규칙을 위반할 경우 그 벌금은 상상 이상으로 무겁다. 운전 중에 휴대폰 통화를 하면 160불의 패널티를 물어야 한다. 또 뉴욕시와 같이 파란불이 아닐 경우 우회전을 하면 안 된다는 규칙을 몰라 무심코 우회전하면 벌금으로 약 70불을 각오해야 한다. 당연히 초행길인 타 지역 운전자가 이런 실수를 할 가능성이 높으나 모두 예외 없이 적용된다. 어찌 보면 질서 있고 공평한 듯 보이나 이같은 규칙을 잘 몰라 따라가지 못하는 사람들은 그다지 자유롭지 못한 자유주의 나라에 살고 있는 셈이다.

겉보기에 엄청난 규모의 빌딩과 아름답고 화려한 대리석 치장으로 우리의 눈을 황홀하게 만들기도 하지만, 그 빌딩 지하에서는 열심히 땀 흘려 일하면서도 겨우 하루하루 연명해가는 많은 불법 이민자들과 소수민족 사람들도 많다. 그런 상호관계로 맨하탄의 오늘이 계속 유지되고 있는 것은 아닐까 하는 생각이 든다.

처음 이곳에 왔을 땐 보이지 않았던 이런 모습들을 이곳에 살게 되면서 더 알아가게 되자 이제 우리나라도 경제발전과 함께 그에 수반되는 사회적 책임과 빈부격차 등에 대해 진지하게 고민해야 할 시점은 아닌지 생각해본다. 그런 생각을 하며 문득 딸에게 물었다.

"하루종일 걸어다녔는데 무엇이 가장 인상 깊었니?"

"5번가 패션거리가 좋았어요!"

"아들아, 너는?"

"타임스퀘어 광장에 있던 대형 장난감가게 토이잘어스*Toy's R Us*요!"

이해는 가지만 조금은 섭섭했다. 무언가 크게 깨닫기를 바라며 고생고생 걸어 다녔는데 말이다. 그러나 나는 믿는다. 콩나물 시루에 물을 주어 봤자 금방 빠지고 말지만 그 콩나물은 밤낮으로 쑥쑥 자라고 있음을….

MK메모

〈맨해튼 더보기〉

- 〉〉 맨해튼 위쪽 지역은 브롱스와 가깝고 흑인들이 많이 살고 있는 할렘가가 위치하고 있어 많은 사람이 방문하지는 않으나, 미국 아이비리그 대학 중 하나인 콜롬비아 대학이 근처에 위치하고 있다. 또한 영화 '박물관에서 생긴 일'을 촬영하였고, 3천만 점 이상의 세계최대의 유물과 표본을 전시하고 있으며, 세계역사, 문명을 돌아 볼 수 있는 뉴욕의 자연사 박물관은 센트럴파크 서쪽 79번 도로에 위치하고 있고, 이를 본 후 65번 도로까지 10블럭 정도 남쪽으로 내려오면 브로드 웨이를 만나는 곳에 '뉴욕 필 하모닉 오케스트라'의 연주를 감상할 수 있는 링컨 공연장과 쥴리아드 음대가 있다.
- 〉〉 맨해튼 중간지역은 42번과 브로드웨이가 만나고 뮤지컬 공연으로 유명하며, 새해를 알리는 행사가 해마다 열리는 타임스퀘어 광장, 유엔본부가 있고, 49번부터 52번까지 5번가와 7번가 사이에 있는 록펠러 센터에서는 해마다 대형 크리스마스트리가 세워지고 쇼핑과 유명한 식당이 많아 관광객이 몰린다. 이곳 바로 옆 5번가와 50번 도로에 위치한 패트릭 성당은 1810년에 카톨릭 남자학생을 교육시키기 위한 학교부지로 미화 단돈 11,000달러 구입한 자리에 위치하고 있으며, 그 규모와 상징성으로 둘러볼 만한 곳이다.
- 〉〉 쇼핑과 패션에 관심이 있는 사람의 경우 5번가를 따라 50번에서 59번까지 거리를 걷는 것만으로도 많은 볼거리와 최신유행을 접할 기회가 있다.
- 〉〉 영화의 한 장면이 생각나는 사우스 스트리트 시포트*South Street Seaport*와 1883년 지어진 1800미터가 넘는 브룩클린 다리*Brooklyn Bridge* 를 걸어 지나는 것도 좋은 추억을 남기기에 충분하며 그라운드제로(*Gournd Zero* – 9 · 11테러가 자행되었던 맨해튼 쌍둥이 빌딩에 위치했던 자리)도 의미 있는 곳이다.
- 〉〉 뮤지컬 공연 관람과 시티패스를 구입하여 여행하는 것을 적극 권한다.

6 행정 중심도시

– 워싱턴 D.C., 버지니아주(Washington D.C., Virginia)

미국을 이끌고 가기 위한 핵심 전략과 지혜가 모아지고 지시를 내리는 곳이 바로 수도 워싱턴 D.C. 이다. 뉴욕 중심 맨해튼에서 95번 도로를 타고 4~5시간 정도 남쪽으로 내려가면 매릴랜드주와 버지니아주로 둘러싸여 있는 특별도시 워싱턴 D.C.에 도착할 수 있다.

뉴욕이 경제와 패션의 중심도시이고, 샌프란시스코 근처 실리콘밸리가 컴퓨터 정보산업의 중심이듯이 미국은 행정과 타 분야가 구분되어 조화를 이루고 있다. 중국에는 북경과 상해가 있고, 일본에는 도쿄와 오사카가 있으며, 이태리에는 로마와 밀라노가 있듯이 우리나라도 서울 이외에 다른 지역도 발전하면서 서로 균형을 이뤄준다면 좋을 것 같다.

달리는 자동차 안에서 많은 이야기들을 나누며 운전하니 생각보다 금방 시간이 지나간다. 가족 단위로 자동차 여행을 하면 좋은 점은 가족간의 대화가 많다는 점이 아닐까 싶다. 예를 들어 자동차로 보통 6~8시간을 달리면서 나누는 수많은 이야기들을 생각해 보라. 만약 하루 6시간씩 운전하면서 10일을 여행

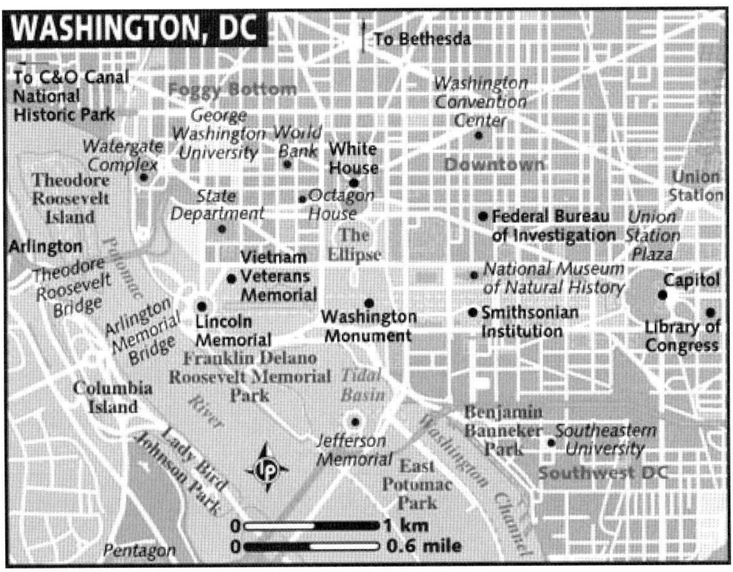

한다고 하면 60시간이 된다. 그것을 반으로 잘라도 30시간이 대화 가능시간이 된다. 일주일에 1시간 정도 온 가족이 모여 대화한다고 하면 적어도 30주(7개월)에 해당하는 대화시간이 마련되는 셈이다.

더 좋은 점은 대화가 잘 안돼 의견 충돌이 생겼다고 하여도 자동차 안에 있어 달리 피할 수 있는 길이 없기 때문에 어떻게든 자연스럽게 문제를 해결할 수 있는 시간이 마련된다는 것이다. 그리고 그런 과정들이 계속되면서 서로를 좀더 자세하게 이해할 수 있게 됨은 물론이다.

수도 워싱턴에는 백악관, 링컨 기념관, 워싱턴 기념탑, 국회의사당, 스미소니언 박물관, 연방수사국*FBI*, 중앙정보국*CIA* – 버지니아 랭리라는 지역에 있는데 자동차로 워싱턴에서 서쪽으로 약 30분 정도 거리에 있다. 등 주요국가 기관들이 수없이 많지만 건물들이 높지 않아 정갈한 느낌을 주며 교통도 수월하게 소통되고 있다. 많은 경우 도로 옆에 주차를 할 수 있으며 주차비용이 뉴욕에 비하면 아주 저렴하다는 것과 입장료가 대개의 경우 무료라는 것 또한 뉴욕과는 다른 인상을 주기에 충분하였다.

조지 워싱턴을 기념하기 위해 세워진 169미터 높이의 기념탑

우리는 링컨 기념관에서 토머스 제퍼슨 기념관, 스미소니언 항공우주박물관, 국회의사당을 거쳐 백악관까지 걸었다. 아이들의 투정에도 불구하고 6시간을 강행군했으나 스미소니언 박물관을 자세히 보기에는 턱없이 부족한 시간이었다.

아들 녀석이 주변을 둘러보면서 묻는다.

"아빠, 왜 여기는 뉴욕보다 높은 건물이 없어요?"

"글쎄다, 저기 저 국회의사당 보이지?"

"네"

"아빠가 알기로는 국민이 선출한 국회의원이 일하는 저 국회의사당 높이보다 더 높은 건물을 짓지 못하게 되어 있는 것으로 알고 있단다."

"왜요?"

"모든 힘은 국민으로부터 나오고 그 국민이 이 나라의 주인이기 때문이지"

"대통령이 아니고요?"

"대통령과 지도자들은 원칙을 지키면서 미래에 대한 비전과 희망을 국민에게 보여주고 실천하는 사람들이고 그 나라의 주인은 그 나라 국민이란다. 저기 보이는 워싱턴 기념탑을 중심으로 서로 마주보는 곳에 미국 민주주의의 상징인 링컨 기념관과 미 국회의사당이 정면으로 바라보고 있지? 그리고 역대 대통령 중 가장 대통령직을 잘 수행한 것으로 평가받고 있는 토머스 제퍼슨 기념동상은 현직 대통령이 머무는 백악관을 정확히 바라보고 있지?"

"네."

"왜 그렇게 만들었을까?"

"예전 대통령처럼 그렇게 나라를 잘 이끌어 가라고요?"

"그렇지. 이 나라 국민들이 바라는 지도자의 모습을 보여주는 것이라고 할 수 있지."

조금은 재미없는 대화였지만 예상 밖으로 아이의 태도가 자못 진지하다. 아이가 무언가를 깨달아간다고 생각하니 여행을 하는 의미가 커져가는 것 같아 기분이 좋았다.

다음으로 발길을 향한 곳은 조지 워싱턴이 대부분의 삶을 보내고 생을 마감한 마운트 버논*Mount Vernon*이었다. 워싱턴에서 남쪽으로 약 30분 정도 자동차로 내려가면 만날 수 있는 그곳은 많은 미국인들이 찾아와 그의 발자취를 되새기며 그의 철학과 삶을 배우기 위한 장소로 유명한 곳이다. 그곳에 도착하니 아이들과 함께 온 가족들이 많이 있었다. 아마도 그의 이미지는 초대 대통령으로서 뿐만 아니라 이 나라의 정신적 지주로서 미국인들의 마음속에 자리잡고 있다 해도 과언이 아닌 성싶다.

1732년 부농의 아들로 태어나 미국 독립전쟁 당시 최고사령관으로 전쟁을 승리로 이끌었으며, 미국 최초의 대통령으로서 많은 국민의 바람에도 두번의 임기를 마치고 대통령직을 스스

워싱턴 D.C. 몰의 야경. 멀리 국회의사당이 보인다.

로 물러났고 그 유명한 고별사를 남겼다.

"책임 있는 국민의 한 사람으로서 국가에 대한 책무와 관련된 모든 요소를 엄격하게 숙고한 후에 이러한 결심을 하게 되었음을 국민 여러분께서 헤아려 주실 것을 간곡히 부탁드립니다. 현직 대통령으로서 지금까지 다음 선거를 위한 아무런 행동을 하지 않고 있는 것

> 을 보면 나의 불출마 결심을 이미 짐작한 분도 있을 것으로 생각됩니다.…(중략)… 내가 이러한 결정을 내리게 된 것은 국민 여러분의 향후 이익에 대한 나의 열정이 줄어서도 아니고, 지금까지 나에게 보내주신 국민 여러분의 사랑에 대한 감사와 존경이 없어서도 아닙니다. 내가 불출마 하는 것이 오직 국민 여러분의 이익에 부합하고 국민 여러분의 사랑에 보답하는 길이라는 확신 때문입니다."

200년 전에 쓴 이 글을 접하면서 우리나라의 현실은 어떠한가를 생각해 본다. 아직도 조지 위싱턴 초대 대통령은 미국 1달러 지폐에 새겨진 얼굴에서와 같이 모든 국민의 생활 속에 스며들어 있는 인물이다. 우리나라도 세종대왕뿐만 아니라 우리 국민들의 마음속에 항상 머물러 있는 존경하는 지도자가 나와 주길 진심으로 바라면서 언젠가는 그 일이 이루어질 거라는 기분 좋은 상상을 해 본다.

문득 '내일은 또 내일의 태양이 떠오른다'는 영화에서의 한 구절이 생각나는 오늘이다.

MK메모

〈조지 워싱턴 고별사〉

1796년 9월 17일 조지 워싱턴이 스스로 물러나면서 국민에게 남긴 고별사 중 일부를 발췌한 것임

〉〉 미국 행정부를 관리할 한 시민을 새로 선출할 시기가 이제 멀지 않았으며, 또한 여러분 각자가 그처럼 중요한 신임을 받을 사람의 선출에 대해 생각해야 할 때가 실제로 도달하였습니다. 그러한 선출 대상이 될 몇 사람 중에 포함되는 것을 사양하기로 한 나의 결심을 여러분께 알리는 데 지금이 적절한 시점이라고 생각하며, 특히 그러한 결심은 일반 국민의 의견을 더욱 분명히 표현하게 하는데 기여할 수 있다고 생각합니다.

〉〉 나는 각 주 파벌의 위험을 이미 말씀 드린 바 있으며, 특히 지리적 차이를 구실로 파벌을 만드는 것의 위험을 예로 들은 바 있습니다. 이제 더 포괄적인 견해를 통해 파벌주의의 폭넓은 파괴적 효과에 대해 가장 엄숙한 방법으로 여러분께 경고하고자 합니다.

〉〉 불행하게도 파벌주의는 인간 정신에서 가장 강한 열정에 뿌리를 내리고 있어, 이를 우리 천성에서 분리하기가 어렵습니다. 이는 모든 정부에서 다소 억눌리거나, 통제되거나, 억제된 가운데 여러 가지 모습으로 나타나고 있지만, 특히 가장 민주적인 형태의 정부에서 가장 악한 모습으로, 민주주의 최대의 적으로 나타납니다.

〉〉 파벌이 서로 번갈아 권력을 잡는 것은 그 자체가 무서운 독재이며, 파벌 간의 반목에 자연스럽게 수반되는 복수심으로 인해 그 반목이 더욱 첨예해져 여러 시대와 국가에서 끔찍한 일들을 자행해 왔습니다. 그러나, 이보다 더 무서운 것은 이것이 결국 더욱 더 공식적이고 영구적인 독재로 귀결된다는 점입니다. 여기에서 파생되는 혼란과 불행은 점차 사람의 마음을 움직여 한 개인의 절대적 권력을 통해서라도 안전과 휴식을 바라는 성향을 가지게 만듭니다. 따라서, 경쟁 파벌보다 세력이 크거나 운이 좋은 다수 파벌의 수장은 이러한 성향을 이용하여 국민의 자유를 무너뜨리고 그 위에 자신을 세우게 될 것입니다.

〉〉 현명한 국민이라면, 파벌주의가 초래하는 이러한 공통적이고 지속적인 폐해만 보고서도, 이러한 파벌주의를 억제하고 저지하는 것을 국민의 의무로 삼게 될 것입니다.

7

폭포와 다른 나라

– 나이아가라 폭포, 뉴욕/캐나다(Niagara Falls, NY/Canada)

맥도날드 햄버거 집에 들러 가장 작은 사이즈의 콜라를 주문하면 도대체 내가 소형사이즈를 주문한 것인지 의심이 들 정도로 생각보다 큰 사이즈의 콜라를 받게 된다. 이를 보면서 '미국은 모든 것이 크구나' 라는 생각을 한 것이 25년 전 처음 미국에 왔을 때 느낀 점인데, 실제로 미국이 크다는 사실을 새삼스럽게 실감한 것은 다름아닌 나이아가라 폭포에서였다.

워싱턴 D.C. 에서 나이아가라 폭포는 약 800킬로미터 떨어져 있어 자동차로 9~10시간 정도가 소요된다. 나이아가라 폭포는 원주민들이 말하던 '천둥소리를 내는 물' 이라는 뜻에서 유래되었다고 하는데, 동쪽에는 아메리칸 폭포*American Falls*가 있고 서쪽에는 캐나다 폭포(말발굽 모양처럼 생겨서 *Canadian Horseshoe Falls* 이라고 한다)가 있다.

보통 사진이나 영화 등에서 많이 보게 되는 폭포는 서쪽에 있는 캐나다 폭포로서 국경을 넘어 캐나다 쪽에서 보아야 그 웅장함을 제대로 느낄 수 있다. 캐나다를 자동차나 도보로 넘어가기 위해서는 레인보우 다리를 건너야 하는데, 우리는 자동차로 넘어가 캐나다 쪽에서 하루 묵으며 주변을 둘러보기로 하였다.

안개아가씨호*Maid of the Mist* 배를 타고 폭포 근처까지 가면 폭포에서 불어오는 엄청난 바람과 물보라로 눈을 뜨고 폭포를 제대로 구경하기란 쉽지 않다. 사람이 개미만큼 자그만 하다면 엄청나게 큰 양동이를 들어 개미에게 물을 쏟아 붓는 모양새라고나 할까?

캐나다 폭포는 너비가 무려 675미터이고, 높이도 약 60미터에 달한다. 이 폭포에서 1시간에 쏟아지는 물의 양은 서울 시민 모두가 하루 동안 사용하는 물의 양보다 많다고 한다. 이처럼

안개 아가씨호를 타고 나이아가라 폭포 가까이 접근했을 때

자연이 보여주는 어마어마한 위력과 모습이 우리들의 넋을 빼앗아가 버린다.

이런 저런 생각으로 주변을 돌아보고 있는 우리와 달리 아이들은 물보라를 맞으며 신나게 장난치고 있다. 엄청난 규모로 압도당해 정신이 없는 것이 아니라 눈에 보이는 모습을 있는 그대로 즐기는 것이 더 신나는 모양이다. 어떤 이들은 폭포 위를 헬리콥터로 다니며 즐기기도 하고, 또 어떤 이들은 전망대에 올라가서 감상하기도 한다. 그러나 우리는 앞으로 가야할 먼 길을 고려하여 캐나다 쪽에 있는 퀸 빅토리아 공원을 산책하였다.

퀸 빅토리아 공원에 가득한 꽃들은 마치 미술품처럼 아름다운 모습으로 서로 조화를 이루면서 우리를 기쁘게 해주었는데, 마치 유럽에 와있는 듯한 착각에 잠시 빠지게 한다. 이렇게 다리 하나를 사이에 두고 있는 캐나다는 사회적 시스템, 문화 및 정서 등에서 미국과 다른 점이 상당히 많다.

예를 들어, 미국의 경우 통계에 따라 다소 차이는 있지만, 국민 중 약 15%에 해당하는 5,000만 명이 의료보험 없이 생활하고 있다고 한다. 그래서 그들은 작은 수술이라도 받아야 하는 경우에 수천에서 수만 불을 본인이 부담해야 한다. 현재와 같은 의료보험 시스템을 미국이 계속 유지한다면 앞으로 10년 안에 가계수입의 20%를 의료비용에 사용하게 되고, 30년 후에는 수입의 33%를 의료비로 사용하게 될지 모른다는 추측과 우려의 목소리가 나오고 있다.

그에 비해 캐나다는 모든 국민이 우리나라처럼 의료보험에 가입되어 있으며, 일정 소득 이상인 경우 매달 정해진 금액을 국가에 납부하면 된다. 그런데 그 금액이 미국의 사보험에 비하면 훨씬 저렴한 수준이다. 그리고 캐나다는 병원에 입원하는 순간부터 의약품값을 포함하여 거의 모든 비용이 무료이다. 단지 병원에서 퇴원한 경우와 경미한 질환으로 의원을 방문한 경우 진료비는 부담하지 않지만 처방약품은 본인이 구매하게 되어 있으며, 이 경우에도 소득에 따라 정부가 일부 또는 전부를 지원해 주고 있다.

미국이 의료부분을 자본주의식 영리추구로 생각하여 그에 맞는 사회적 시스템으로 만들었다면, 캐나다는 환자가 최소한 병원에 입원 할 정도의 중증 질환일 경우에는 국가에서 100% 책임지지만 그렇지 않은 경우에는 자기의 소득에 따라 일부 비용을 본인이 지불해야 보험의 원래 목적을 이어갈 수 있지 않겠냐는 사회적 합의에 따라 만든 제도라고 할 수 있다.

그래서 미국은 돈이 있으면 질 좋은 의료서비스를 빠르게 받을 수 있는 나라이지만, 캐나다는 치료에 비용이 거의 들지 않지만 진료를 받기 위해 기다리는 시간이 너무 길어 문제라는 이야기가 있다. 어떤 쪽이 좋은지 논하는 것보다는 서로 다르다는 것을 먼저 인정해야 할 것 같다. 단지 그 사회가 가지고 있는 국민적 정서, 경제 상황 그리고 문화를 기본적으로 존중하면서 이성을 바탕으로 사회적 합의를 도출한다면 그것이 어떤 시스템이든 그 사회에 주는 가치는 충분하지 않을까 생각해본다.

또한 미국은 '도가니*Melting Pot* 문화'라 하여 여러 민족의 문화가 하나로 녹아들어 하나의 미국으로 변화하는 사회라면, 캐나다는 '모자이크*Mosaic* 문화라 하여 각 민족 고유의 전통이나 문화를 그대로 존중하면서 조화를 이루는 형태로 사회를 형성하고 있다.

잠시 이런저런 생각을 하면서 뚜벅뚜벅 걷다가 엄청난 굉음에 놀라 옆을 돌아보았다. 어느새 폭포 옆 펜스까지 다다른 것이다. 수천 마리의 들소들이 한 번에 달려오는 듯한 장엄한 굉음을 내는 폭포 옆에는 수줍어하는 아가씨처럼 다소곳한 아름다움을 드러내고 있는 꽃밭이 펼쳐져 있다. 인간이 만든 시스템이나 문화는 나라마다 다르지만 자연은 언제나 이렇게 같은 모습으로 우리를 반겨준다.

8 락앤롤(Rock and Roll)

- 클리브랜드, 오하이오주(Cleveland, OH)

미국과 캐나다의 국경을 이루고 있는 곳에 자리잡고 있는 '슈페리어', '미시간', '휴론', '이리에' 그리고 '온타리오' 호수를 미국의 5대 호수라 부른다. 그 중 가장 큰 슈페리어 호수는 길이가 560킬로미터에 너비가 260킬로미터로 남한보다 크며, 저장된 물은 북미와 남미대륙 전체를 30센티미터 높이로 완전히 덮을 수 있다니 실로 엄청난 크기와 용량이다. 그리고 이리에 호수*Lake Erie*는 남한의 절반 크기쯤 되는데, 이곳의 물이 온타리오 호수*Lake Ontario*쪽으로 넘어가는 길목에 있는 것이 바로 나이아가라 폭포다.

나이아가라 폭포에서 서쪽으로 약 350킬로 떨어져 있는 도시인 클리브랜드*Cleveland*는 음악방송을 진행하던 알란 플리드*Alan Fleed*가 최초로 사용한 용어인 록큰롤*Rock and Roll*이 대중에 엄청난 반응을 일으켰던 도시이고, 그런 저런 이유로 뉴욕, 멤피스, 신시네티 등 쟁쟁한 도시들을 제치고 1983년 미국 최초의 록큰롤 기념관을 가진 도시가 되었다.

클리브랜드가 위치한 오하이오*Ohio* 주는 주면적의 3분의 2가 농경지로 이루어진 곳이며 우리에게 많이 알려져 있지 않았던 탓에, 그곳의 수도가 콜롬버스라는 사실은 더욱 생소하기만 하였다.

오하이오주 수도인 콜롬버스보다 클리브랜드를 들르기로 한 이유는 내가 가보고 싶은 대학과 병원이 그곳에 있었기 때문이었다. 조사기관에 따라 조금은 다르지만, 미국 대학랭킹에서 30~40위를 차지하며 특히 바이오메디칼 엔지니어링 분야에서는 미국 내 상위 10위 안에 드는 연구중심 대학으로 유명한 케이스웨스턴리저브 대학*Case Western Reserve University*이 어떤 모습인지 궁금하였고, 심장관련 질환에서는 미국내 최고의 병원이며 항상 미국의 최우수 병원 중 하나로 선정되는 클리브랜드 클리닉*Cleveland Clinic*병원을 꼭 한번 들러보고 싶었다.

사실 클리브랜드는 초기 1800년도만 해도 여러 운하와 철도

유에스 뉴스*US News & World Report* 신문에 의해 최고의 대학병원 중 하나로 선정된 오하이오주 클리브랜드 크리닉 병원*Cleveland Clinic Hospital*. 특히 심혈관 관련 수술분야는 미국 내 1위로 선정되었다.

등 지리적 여건상 중공업이 발달하여 많은 인구가 살던 곳이었다. 그러나 시장상황이 변하고 세월이 흘러 지금은 인구 감소와 경제 후퇴를 경험하고 있는 도시이다. 그래서인지 차안에서 보는 도시의 느낌은 활발하지 못하였다.

그러자 딸아이가 묻는다.

"아빠 여기는 왜 왔어요?"

"미국에는 하버드와 같은 대학만 있는 것이 아니고, 전공에 따라 대부분의 대학이 일종의 특성화된 그리고 집중화된 분야가 있단다. 그 중 케이스웨스턴리저브 대학이 이곳에 있는데, 바이오 엔지니어링쪽에서는 아주 유명한 대학이라 한번 들러보고 싶어서 온거야."

"근데 왜 그렇게 대학 이름이 길어요?"

"1881년도에 만들어진 케이스 기술연구소*Case Institute of Technology*와 1826년에 설립된 웨스턴리저브 대학이 1967년도에 합병하면서 탄생된 이름이라서 그런 거란다. 그렇게 연구소와 대학이 서로 힘을 합치면 더 좋은 대학이 만들어 질 수 있거든."

"우리나라에도 이런 대학이 있어요?"

"글쎄, 잘 모르지만 지금 준비를 많이 하고 있으니까 그런 날이 곧 오겠지."

"근데 이 도시가 락앤롤 음악의 원조라고 했는데 락앤롤이 무슨 음악이에요?"

락앤롤은 1950년도 전후에 재즈, 컨츄리, 블루스, 가스펠 등 여러 장르의 음악이 융합되어 백인과 흑인들이 연주하고 즐겼던 음악으로 당시 미국 사회에 남아있던 인종차별적 정서를 없애는 데에도 기여를 했던 음악이다.

"너 혹시 엘비스 프레슬리 아니?"

"아니요."

"락앤롤 가수로 유명한 사람인데 1977년 42세로 사망하였지만 아빠보다 나이든 어른들 세대에서는 아직도 가슴 속에 추억으로 남아있는 사람이란다. 심지어 지금도 생전에 맺어놓은 음악관련 계약으로 엘비스는 매년 많은 돈을 벌어들이고 있지."

여행의 길잡이가 되어준 안내서들

"그래요? 할아버지께서도 내가 지금 한국의 인기그룹인 '빅뱅'을 좋아하는 만큼 엘비스를 좋아하셨는지 여쭈어 봐야겠네요."

"좋은 생각이다. 지금 네가 듣고 있는 음악도 시간이 흐르면 결국 다른 장르의 음악에 밀려날 것이고 그 때 너는 지금의 음악을 그리워 할지 모르지."

한때 락앤롤과 함께 활기찼던 이곳이 지금은 인구 절반 이상이 흑인으로 구성되어 있으며, 절대 빈곤의 불명예를 안고 있다. 예전의 영광을 되찾기 위해 애쓰고 있는 이 도시를 보면서 '영원한 것은 없다' 는 글귀가 새삼스럽게 떠올랐다.

시간이 흐르면 음악도 변하고 규칙도 변하며, 심지어 도덕적 기준까지도 변한다. 나도 여러 가지 종류의 고민과 스트레스를 안고 살아가지만 그 이유 대부분이 '세상 모든 것은 변하고 다르다는 것' 을 인정하려 하지 않는 오만함 때문은 아닌지 곰곰이 생각해 본다.

언젠가 다시 찾아오면 이곳 클리브랜드의 옛 영광이 재현돼 있길 바라면서 우리는 다소 황량한 거리를 지나가고 있다.

9 중부 미국의 중심

– 시카고, 일리노이주(Chicago, IL)

시카고*Chicago*는 '노인과 바다'로 노벨 문학상을 수상한 어니스트 밀러 헤밍웨이*Ernest Miller Hemingway*와 어린이의 영원한 친구 월트 디즈니*Walt Disney*가 태어난 일리노이주*Illinois State*에 있다. 또한 미국 5대 호수 중 하나인 미시간 호를 옆에 두고 수많은 국제회의가 열리는 최고의 건축물들이 빼곡히 자리잡고 있다. 1920년대만 하여도 그 유명한 알 카포네가 이곳에서 왕성히 활동하면서 악명 높은 도시로 이름났던 곳이었다.

그러나 링컨 대통령과 같은 많은 정치인들이 배출되고, 세계에서 세 번째로 큰 맥코믹 센터*McCormick Place*와 미국의 최고 대학 중 하나인 노스웨스턴 대학*North Western University*이 세워지고, 매일 평균 2,400대의 비행기가 이착륙하는 시카고 오하레 국제공항*Chicago O' Hare International Airport*이 자리 잡으면서 현재 매년 3,000만명이 넘는 내국인과 100만명이 넘는 외국인이 방문하는 미국에서 3번째로 큰 도시로 성장하였다.

클리브랜드에서 서쪽으로 약 550킬로미터 떨어져있는 이곳에 도착하여 우리는 제일 먼저 자연사 박물관*The Field Museum of Natural History*으로 향하였다. 그 이유는 1986년 내가 처음 미국 배낭여행을 할 때 이곳을 방문하였는데, 그 당시 이 박물관에서 받았던 엄청난 감동을 잊을 수 없었기 때문이다. 뉴욕에 있는 미국 자연사 박물관이 약 3,500만점의 소장품을 지니고 있다면, 이곳은 약 2,100만점 정도를 갖추고 있어 규모는 뉴욕 박물관보다 작으나 고대 이집트의 실제 미라를 볼 수 있고 공룡관도 상당히 인상 깊게 만들어져 전시되고 있다.

이곳저곳 보아야 할 곳이 많은데 아들녀석이 좀처럼 '공룡관' 에서 나오려 하지 않는다. 하긴 마치 영화 '쥬라기 공원' 에 본인

이들녀석이 주요 여행지마다 1센트 동전으로 기념주화를 만들어 보관한 지갑

이 들어와 있는 것으로 착각할 만큼 매력이 있는 시설과 전시품이 있기에 이해는 되지만, 언제나 박물관을 돌아보는 데에 얼마만큼 시간을 투자하여야 할지 난감할 때가 많다. 각자가 보고 싶은 분야가 다르고, 또 자세히 보자면 끝이 없고 대충 보자면 아쉽기 때문이다. 적당한 선에서 박물관 방문을 마치기로 하고,

우리는 시카고에서 여행객들에게 가장 관심을 끄는 곳 중 하나인 시카고 시청을 중심으로 한 루프*Loop*모양의 지역을 돌아보았다.

박물관에서 도보로 10분 정도 동쪽에 위치한 애들러 천문대*The Adler Planetarium*에 먼저 들렀는데 이곳에서는 달에서 가져온 월석도 볼 수 있다. 특히 극장 안에서 관람할 수 있는 우주 쇼는 너무 정교한 나머지 실제로 우주를 유영하는 듯한 착각에 빠지게 하였다. 아이들은 마치 만화 영화 속에 들어와 있는 듯 하다면서 신기해한다. 하지만 나와 아내는 해설되는 영어를 해석하면서 신경도 써야 하고 움직이는 영상 때문에 멀미까지 하는 등 아이들만큼 즐겁지는 않았다.

"너희들은 내용을 다 알아 들었니?"

"왜요?"

"그런데 뭐가 그렇게 재미있었니?"

"진짜 우주에 온 것 같고, 운석 같은 것도 바로 옆에 있는 것 같아 신기하잖아요!"

사실 시험 보는 강의도 아닌데 괜히 신경 쓰며 관람했더니 머

애들러 천문대 안에서 우주인을 흉내내는 아이들

리가 아플 지경이다. 그저 아이들처럼 있는 그대로 즐기면 될 것을 그러지 못한 걸 보니, 문득 아이들처럼 흥분되었던 25년 전 나의 모습이 떠오르면서 나도 많이 변했다는 걸 실감했다.

천문대를 나오니 푸른 잔디와 바다 같은 호수가 우리 앞에 펼쳐진다. 조용히 나에게 다가오는 시원한 바람이 두통을 날려줘

고마웠다.

아이들에게 천문대에서 존 헨콕 센터까지 걸어가자고 제안하였지만 피곤하다며 자동차를 이용하자고 투정이다. 쉐드 수족관*Shedd Aquiarium*을 지나 미시간 호수를 따라 걸어가면 버킹엄 분수*Buckingham Fountain*도 볼 수 있고 시카고 미술관도 지나며 유명한 노스 웨스턴 의과대학도 동시에 볼 수 있다면서 설득하였으나 아이들은 계속 고집을 피운다. 여행의 관심사가 서로 달라서일까? 서로 조금씩 양보하기로 하면서 여행을 시작하였으나 이번엔 좀처럼 양보할 기세가 아니다.

"아빠가 제안한 대로 걸어가면 시카고에서 제일 맛있는 아니, 미국에서 가장 유명한 피자집 중 하나인 지노스 피자*Gino's East Pizza*를 사줄게, 어떠니?"

"정말 맛있어요?"

"콜라 시켜도 돼요?"

"오케이."

1966년 두 명의 택시 운전사에 의해 탄생한 전형적인 시카고 스타일의 두꺼운 이 피자 레스토랑에 간 것은 25년 전, 처음으

시카고 명물 지노스 피자가게. 이곳의 두꺼운 팬 피자를 먹기 위해 수 시간을 기다려야 하는 경우도 있다.

로 미국 배낭여행을 할 때였다. 그때의 피자맛을 잊을 수가 없어 다시 꼭 가보려고 작정했던 레스토랑이었기 때문에 사실 나로서는 손해볼 것이 없는 거래였다. 그럼에도 마치 어쩔 수 없이 이를 허락하는 척 하며 엄청난 양보를 한 것인 양 표정관리를 하느라 매우 힘들었다.

천문대에서 존 헨콕 센터까지 쉬지 않고 걸으면 약 1시간 정도 거리지만 미시긴 호수, 시카고 미술관, 수족관 그리고 넓은 잔디밭에서 더 많은 시간을 보냈다.

뉴욕의 마천루도 보고 전망대도 올라가 보았기에 우리는 세계에서 제일 높은 빌딩 중 하나인 존 헨콕 센터와 시어스 타워가 어디에 자리잡고 있는지만 잠시 보기로 했다.

요사이 한국에서도 서로 마천루 경쟁을 하며 높은 빌딩을 짓겠다는 뉴스를 접하였는데, 세계 어디에 가든 볼 수 있는 비슷한 빌딩이 과연 얼마나 경쟁력이 있을지 약간은 걱정스럽다. 차라리 누구나 한번쯤 가보고 싶은 동래 파전집이나 종로 빈대떡집이 아마 세계적으로 더 경쟁력이 있지 않을까? 지노스 피자집으로 향하는 아이들의 가벼운 발걸음처럼 나 또한 그 맛을 다시 경험하고 싶은 설렘이 미래에는 더 필요한 가치가 될 것이라고 느껴지기 때문이다. 오랜만에 맛보는 시카고 피자가 기다려진다.

10 맥주와 오토바이

– 밀워키, 위스콘신주(Milwaukee, WI)

많은 남자들은 부모나 배우자의 반대를 무릅쓰고 한번쯤 오토바이를 몰고 자유롭게 어디론가 떠나고 싶어한다고 들었다. 이는 본능적인 충동 같기도 한데 나도 그 중 예외는 아니다. 윌리엄 할리*William S. Harley*와 아더 데이비슨*Arthur Davidson*에 의해 1903년 세워진 세계적인 오토바이 회사 '할리 데이비슨' 이 있는 위스콘신*Wisconsin*주의 밀워키*Milwaukee*를 동서횡단 여정에 포함시킨 것은 아이들이 보고 싶어할 것이라는 구실을 내세우긴 했지만, 사실은 내가 더 가보고 싶은 곳이었다.

시카고에서 서북쪽으로 약 150킬로미터 올라가면 위스콘신주에서 가장 유명한 도시인 밀워키가 나오는데, 위스콘신 주립대학을 빼면 우리에게 많이 알려진 도시는 아니다.

사실 위스콘신주는 닉네임이 미국의 낙농의 땅*America's dairy land*이라 할 만큼 해마다 약 110만 톤에 달하는 치즈를 생산하는 낙농산지로서 인구는 약 500만명 정도다. 그래서인지 위스콘신주로 진입하자 제일 먼저 눈에 띈 것은 자동차 번호판에 새겨진 'The Dairy State(낙농의 주)' 라는 문구였다. 뉴저지주의 'The Garden State(정원의 주)', 뉴욕주의 'The Empire State(제국의 주)' 와는 사뭇 다른 중부의 소박함이 느껴지는 그런 번호판이었다. 유제품을 많이 먹고 자란 탓인지 사람들의 몸집이 상당히 크다는 것을 느꼈는데 환경이 사람을 지배한다는 게 사실인가 보다.

밀워키에는 전 세계적으로 100만 명이 넘는 할리 오토바이 매니아그룹인 '호그*Hog*' 를 운영하면서 매년 6조 이상의 매출을

버팔로(아메리칸 들소)로 만든 육포 판매상.
지방질이 적어 몸에 좋다면서 판매하던 마음씨 후덕한 중부 아저씨

올리며, 매출액의 5%에 해당하는 3,000억불을 단지 이 회사 로고를 사용하는 값으로 받는다는 할리 데이비슨 모터사이클 회사의 본사가 있다.

우리가 공장 투어와 박물관을 보기 위해 도착하였을 때는 다행히(?) 사람들이 많지 않았다. 공장 투어는 가이드를 따라 일정한 그룹을 만들어 진행하고 있었는데, 기다리는 인원이 많으면

밀워키의 할리데이비슨 오토바이 공장 견학

몇 시간을 기다려야 한다. 투어 중 특이한 것은 소비자가 원하는 색상과 디자인이 있을 경우 이를 주문 받아 그에 맞게 모터사이클을 만들어 주는 시스템이었는데, 이렇게 대단위 공장에서조차 일일이 소비자의 요구에 맞추는 시스템이 개발되고 이를 실행하는 것이 매우 인상적이었다.

대개의 경우 서양 사람들은 비슷하거나 남들이 좋다는 것을 무조건 따라 하는 것을 그리 즐기지 않는 편이다. 그런 문화로 인해 오토바이조차 디자인, 색상, 부품 등을 자기취향에 맞게 개조하여 자기만의 개성을 표현하는가 보다.

언젠가 집과 관련된 모든 것을 파는 가게인 홈 디포*Home Depot*에 간 적이 있다. 이곳에서 판매되고 있는 것들만 가지고도 집을 완성할 수 있는데, 공구 · 전구 · 문 · 욕조 · 마루 · 지붕 · 잔디까지 판매하는 대규모 점포이기에 한국에서 흔히 사용하는 전자 도어록을 찾아 본 적이 있다. 그런데 그렇게 수많은 상품 중에서 전자 도어록이라고는 2~3가지 모델만 있었다. 그나마 아주 단순하고 디자인도 거의 없는 상품뿐이었다. 오히려 열쇠를 사용하는 도어록이 다양한 디자인과 함께 엄청나게 많은 종류가 있었다. 그런 모습이 신기해 직원에게 왜 당신들은 전자 도어록을 많이 진열하지 않는가라고 물어본 적이 있었다.

그 직원은 이곳 사람들에게 있어 집은 자기가 생각하는 디자인과 느낌을 가지게 하는 것이 더 중요하고, 그런 것에 더 많은 가치를 주기 때문에 느낌이 없는 획일적인 디지털보다는 서로 같지 않은 아날로그 스타일을 좋아한다고 했다. 그래서 조금 불

편하더라도 열쇠를 사용하여 다양한 디자인의 도어록으로 자기 집을 꾸미는 것을 선호한다는 것이다.

그 이야기를 듣고 잠시 생각해 보았다. 도대체 나는 어떤 느낌의 도어록을 원했는지…. 생각해 보지도 않고 그저 유행 따라 물건을 찾아다니진 않았는지….

회사 앞 주차장에는 많은 오토바이가 주차되어 있었는데 대부분 오토바이를 타고 수일에서 수 주간씩 미 대륙을 누비며 자유를 만끽하고 있는 사람들이 타고 온 것들이었다. 마침 저쪽에서 멋지게 생긴 오토바이를 주차하는 노부부가 있어 가까이 다가가 사진을 찍어달라고 부탁하였다.

"혹시 사진 좀 찍어 주실 수 있나요?"

"물론이죠. 여행 중인가 봐요?"

"네, 가족과 함께 자동차로 동서남북을 다니고 있는 중이에요."

"아주 멋진 여행이네요. 시간이 지나면 얼마나 귀중한 시간들이었는지 알게 될 거예요."

우리 가족의 사진을 찍어준 스미스 부부는 족히 60살은 넘어

보이는 분들이었다. 자식들은 모두 각자 자기 삶을 살고 있으며 부부가 오토바이로 멕시코까지 내려갈 계획으로 여행을 다니는 중이라고 한다. 우리 부부도 노후에 이런 모습일 수 있을까 무척 부러웠다.

자, 이제 섭씨 30도를 넘는 이 무더위를 식혀주고도 남을 것 같은 밀러 맥주공장으로 출발이다. 자동차로 10여분 거리에 있는 그곳까지 가는 동안 아이들이 피자집에 가면서 느꼈을 기분이나 어른이 시원한 맥주 한 잔 있는 곳을 가는 기분이나 똑같은 심정이 아닐까 생각하니 벌써부터 더위가 가시고 기분도 상쾌하였다.

밀러*Miller*맥주는 1855년에 세워진 회사로서 '버드와이저'로 유명한 안하우저부쉬*Anheuser-Busch*회사에 이어 미국에서 2번째로 규모가 큰 맥주회사이다. 축구장 여러 개를 합친 것 만한 크기의 공장에서 매 분마다 2,000개의 맥주 캔이 포장되고 매일 50만개의 맥주 박스가 배송을 기다리며 저온창고에 보관되고 있다. 이런 엄청난 규모의 공장을 보면서 도대체 크다는 개념이 어디까지인지 놀라울 따름이었고 저 많은 것을 매일 마셔대는 사람들도 참 대단하다는 생각이 절로 든다.

공장투어는 약 1시간 정도 소요되었다. 안내원은 처음 생산과정부터 마지막 포장까지 상당한 긍지를 가지고 회사의 역사를 소개하였고, 마지막으로 우리를 바바리안스타일 밀러인*Bavarian-Style Miller Inn*으로 안내하였다. 이곳에서는 공장에서 만든 맥주를 종류별로 3가지씩 무료로 마셔볼 수 있었다. 물론 아이들은 맥주를 마실 수가 없게 되어 있어서 일반 음료를 제공 받았다.

아이들은 호기심이 났는지 우리가 받아온 맥주를 조금 마셔봐도 되는지 물어본다. 하긴 만드는 공장을 보았는데 그 맛이 궁금하기도 할 거라 생각되어 조금 나눠 주었다. 맥주를 맛본 아이들은 맛이 없다면서 뭐하러 어른들은 이런 것을 마시는지 이해를 못하겠다고 한다.

"정말 커서도 술은 안 마실 거니?"

"글쎄, 안 마실 것 같은데요."

"아빠랑 내기 할래?"

"그건 좀 생각해 보고…."

우린 5년 뒤에 다시 같은 질문을 하기로 하고 각자에게 준비된 음료를 즐기며 시원하게 더위를 식혔다.

'밀러*Miller*' 맥주는 독일에서 온 청년이 독일의 효모를 이용한 맥주 생산방법을 사용하여 미국에서 맥주를 만들겠다는 꿈을 가지고 조그만 가게로부터 시작한 사업이 오늘날 세계적인 브랜드로 성장한 것이다. 그리고 21살의 두 청년이 1903년에 동네에서 만들기 시작한 자그마한 오토바이 가게가 '할리 데이비슨' 이라는 세계 굴지의 회사로 이름을 날리고 있다. 이 두 기업이 불과 얼마 떨어지지 않은 곳에 사이좋게 자리잡고 있다는 것과 두 기업 모두 자유와 젊음을 대표하는 브랜드로 세계인의 마음을 사로잡고 있다는 공통점을 지니고 있다는 것이 부럽고 신기하기만 하였다.

오토바이와 시원한 맥주는 이 더운 여름날에 학창시절 이후 오랜만에 느껴본 자유와 젊음이었다. 하늘이 오늘 따라 더욱 맑고 푸르다.

MK메모

〈치즈의 종류〉

〉〉 연질 치즈*Soft fresh cheese* : 모짜렐라*Mozzarella*, 크림치즈*Cream cheese*, 마스카포네*Mascarpone*, 리코타*Ricotta*, 페타*Feta* 등 수분함량이 높고, 신선하고 짙은 크림 향을 느낄 수 있는 것이 특징이며 부드러운 질감을 가진 치즈로서 수분이 많기 때문에 곰팡이도 쉽게 생기고 보존기간도 짧다.

〉〉 연질 숙성 치즈*Soft ripened cheese* : 브리*Brie*, 까망베르*Camembert*가 대표적으로 냉장 상태에서는 쫀득한 질감을 유지하며 실온에서는 녹아 부드럽다. 껍질과 가까운 쪽은 치즈 맛이 많고 중간으로 갈수록 크림 향이 강해진다. 냉동하면 유익한 곰팡이가 죽어 맛과 질이 떨어진다.

〉〉 반연질 치즈*Semi soft cheese* : 하바티*Harvarti*, 림버거*Limburger*, 페퍼 잭*Pepper Jack*, 폰티나*Fontina*, 브릭*Brick*, 몬터레이 잭*Monterey Jack* 등 각종 요리에 치즈 맛을 더하는 부재료로 사용하며, 소스, 수프 등으로 여러 가지 요리에 쉽게 응용할 수 있는 치즈이다.

〉〉 반경질 치즈*Semi hard cheese* : 체다*Cheddar*, 구다*Gouda*, 에담*Edam*, 콜비*Colby*, 에멘탈*Emmental* 등으로, 샌드위치용 치즈로 많이 사용되며 스낵 용으로도 쓰인다. 체다 치즈의 노란색은 식물에서 추출한 색소 때문이다.

〉〉 경질 치즈*Hard cheese* : 파마산*Parmesan*, 아시아고*Asiago*, 로마노*Romano* 등 수분함량이 낮아 냉장 보관하면 12개월 정도로 저장기간이 길다. 맛과 풍미가 뛰어나 깊은 맛을 내는 요리에 자주 사용된다.

11 끝없는 옥수수밭

– 데스모이네스, 아이오와(Des Moines, IW)

미국 미드웨스트*Midwestern United State* 지역에 있는 아이오와*Iowa*주는 우리에게 그리 익숙한 주도 아니며, 특징적으로 생각

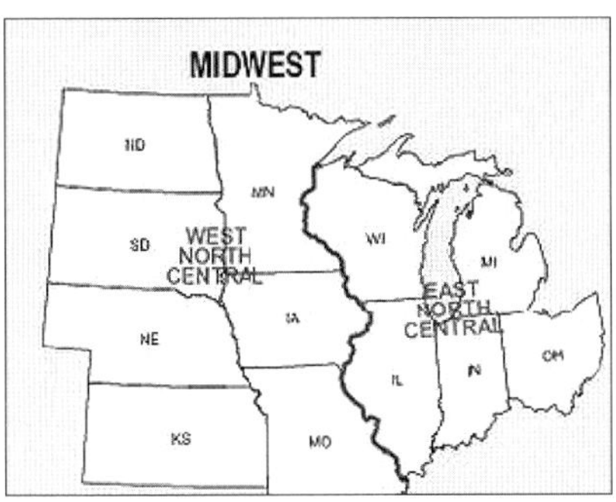

출처 : 미국 인구조사통계국

나는 것조차 없는 주이다. 그럼에도 불구하고 내가 이곳을 지나가기로 계획한 것은 미국이라는 나라를 좀 더 이해하기 위해서는 잘 알지 못하는

지역도 직접 보고 느끼며 겪어보아야 할 것 같아서였다.

더군다나 예전에 회사일로 아이오와주 아래에 위치한 캔사스 시티*Kansas City*와 위쪽에 있는 미네아 폴리스*Minneapolis*에서 잠시 생활한 적이 있었는데, 두 도시 사이에 있는 아이오와주는 가보질 못하여 아쉬웠던 기억이 있기도 했다.

주 전체 인구가 겨우 300만 정도인 이곳 사람들은 무엇을 하며 살아가고 있을까? 영화배우 존 웨인이 태어난 이곳은 콘 벨트*Corn Belt*(아이오와, 인디애나, 일리노이스, 오하이오 지역을 말함) 라 불리며, 미국 옥수수 생산의 약 50%를 차지하고 있는 곳이다. 이곳을 '세계 식량 수도*Food Capital of the World*' 라고 칭하는 것에서도 알 수 있듯이 세계 식량의 중심지 역할을 하는 곳이다. 이곳의 수도인 데스모이네스*Des moines*는 맥주와 오토바이의 추억이 있는 밀워키에서 약 800킬로미터 떨어져 있어 자동차로 10시간 이상 달려야 했다.

데스모이네스에 도착한 시간이 조금 늦은 밤이었고 약간 지친 몸이라서, 우리 모두는 숙소에 도착하자마자 깊은 잠에 빠져들었다. 어찌 보면 그동안 계속해서 무엇인가를 조금 더 보고자 하는 조급한 마음으로 여행을 하고 있었기에 여유 있는 시간을 제대로 가져 보기 못한 것이 사실이었다. 하지만 이곳은 그저 전형적인 미국 중부의 모습이 무엇인지 느껴보고자 선택한 목적지였고, 특별히 무엇을 보고자 하는 계획이 별로 없었기 때문에 여유롭게 시간을 보내고자 하였다.

미국의 대표적인 도로라고 하면 뉴욕과 샌프란시스코를 동서로 연결하는 주간고속도로인 I-80번, 동쪽 보스톤과 서쪽 시애틀을 연결하는 I-90번, 북동쪽 끝 메인 주 홀턴*Houton*에서 남동쪽 끝 플로리다주의 마이애미를 연결하는 I-95번 그리고 서북쪽 끝 시애틀에서 서남쪽 끝 샌디애고를 연결하는 I-5번이 가장 대중적인 도로라 할 수 있으며, 이곳 데스모이네스는 주간도로 I-80이 지나가는 중간 지점에 위치한 미 대륙 한복판인 셈이다. 그리고 데스모이네스는 말 타고 이곳을 지나갔던 'OK목장의 결투' 시절에 비하면 지금은 비교적 안전하지만 그래도 서부영화에서나 나올듯한 황량한 분위기가 연출되는 그런 도시였다.

다음 날 아침 오랜만에 아이들과 빨래를 하기로 하고 동전 세탁소로 향했다. 동전세탁소*Coin laundry*는 수 십대의 대형 세탁기와 건조기가 있어 동전을 넣고 손쉽게 빨래와 건조를 할 수 있는 곳으로서, 주로 집에 세탁기가 없거나 고장난 경우에 사람들이 이용하는 곳으로 학생과 독신자를 제외하면 대개의 경우 중산층 이하의 사람들이 이용하는 경우가 많다.

아니나 다를까. 세탁소에 온 사람들은 대부분이 흑인과 남미 사람들이었고, 어린이를 동반하고 있었다. 보통 동전 넣고 빨래가 다 될 때까지 1~2시간이 걸리는데 아이들만 혼자 집에 둘 수 없어 데리고 오는 것이다. 그들을 보면서 잠시 생각에 잠겨본다. 자동차로도 며칠을 가야 바다를 만날 수 있는 중부 평원 한가운데에서 이들은 무엇을 느끼며 무엇을 위해 살아가고 있을까?

빨래를 넣고 한참을 기다리고 있는데 흑인 여성이 다가와 우리에게 무슨 일로 이곳에 왔는지 묻는다. 아마도 우리가 서로 주고받는 한국말이 그들에겐 처음 듣는 언어였는지 아니면 우리 같은 한국인이나 동양인이 신기했던 모양이다.

"어느 나라에서 왔나요? 중국, 일본?"

데스모이네스에 있는 끝없는 옥수수밭

"우린 한국에서 왔고요, 동부에서 서부로 여행 중이에요."

"동부 어디에서 왔나요? 뉴욕은 가 보았나요? 나도 꼭 한번 가보고 싶은 곳인데…. "

아이러니 하지만 미국 사람이 한국 사람에게 거꾸로 미 동부의 모습을 설명해 달라고 묻는다. 주변 아이들도 삼삼오오 모여들어 우리를 구경하는데 마치 무슨 별나라 사람 보듯 쳐다본다.

자기네 나라에 이방인으로 여행 중인 우리와 이 땅의 현재 주인으로서 한번도 뉴욕을 가보거나 바다를 구경하지 못하고 살아가는 이들을 비교해 보면서 참으로 안타까움을 느낀다. 어찌 보면 이렇게 여행하고 있는 자체만으로도 감사해야 할 일이 아닐까 하고 생각하면서, 다른 한편으론 미국이라는 기회의 땅이 모든 이에게 정말 공평한지 복잡한 생각이 든다.

내가 자못 진지하게 이런 저런 생각을 하는 동안 아이들은 금세 다른 아이들과 친해져 즐겁게 놀고 있다. 너무 사람이 적은 곳이라 이곳 사람들은 사람이 그리웠는지 모르겠다.

우리나라는 좁은 국토에 사람이 너무 많아 서로 부딪치면서 엉키고 살아야 하기 때문에 오히려 사람 때문에 속상하는 경우가 많이 있다. 하지만 반면에 끈끈한 정으로 인해 서로 어울려 사는 재미가 있는 나라이기도 하다.

이곳 사람들은 길거리에서 눈이 마주치면 모르는 사람에게도 '안녕' 하고 다정히 인사한다. 그런가하면 식사 중에 레스토랑 같은 공공장소에서도 아무렇지 않게 코를 풀어댄다.

이런저런 생각을 하다보니 내가 정말 알고 있고 믿고 있는 상식의 기준이 온전한 건지 아니면 나를 둘러싼 환경에 따라 기준이 변할 수 있는 건지 헷갈린다. 그저 오늘은 내가 가지고 있는 기존의 생각을 최대한 비우고 어제는 어두워서 볼 수 없었던 중부 평원의 모습을 맘껏 즐기며 구경이나 해야겠다.

12 대통령 얼굴 바위

– 마운트 러쉬모어, 사우스 다코다주(Mount Rushmore, SD)

우리나라 경주에 석굴암이 있고, 속리산 법주사에는 6미터나 되는 바위에 부처님을 조각한 아름다운 보물 '마애여래의좌상'이 있다. 내용과 배경은 다르지만 이곳 미국에서도 바위에 새긴 유명한 조각품이 있으니 대통령 얼굴 바위인 '마운트 러쉬모어 *Mount Rushmore*' 가 그것이다.

데스모이네스에서 사우스 다코다*South Dakota*주에 있는 이곳까지는 약 1,000킬로미터로, 자동차로 12시간 이상을 꼬박 달려야 하기 때문에 일단은 공원 근처 래피드 시티*Rapid City*까지 가

미국 내 모든 국립공원을 지도와 함께 간략하게 알려주는 패스포트. 수첩의 기능뿐 아니라 공원을 방문할 때마다 각 페이지에 스탬프를 찍어 기념할 수 있도록 만들어진 패스포트이다.

기로 했다.

출발하고 2~3시간을 달렸는데도 계속해서 끝없는 옥수수 밭이 펼쳐진다. 정말 엄청난 규모에 그저 입이 벌어질 뿐이다. 아이들은 차에서 내려 옥수수밭을 구경하자며 조른다.

차를 길가에 주차시키고 가까이 가 보니 지나가면서 보던 것과는 달리 옥수수의 높이가 어른 키보다도 훨씬 커서 그 속에 들어가면 어디가 어디인지 방향을 잃기 십상이다. 외국 영화에서 보면 옥수수밭에서 술래잡기를 하다가 어딘지 모르는 곳으로 흘러가기도 하고, 공상과학 영화에서는 우주선도 착륙해 있고 하던 장면을 볼 수 있었는데, 실제로 옥수수밭으로 잘못 들어가면 어디가 시작이고 끝인지 알 수 없어 빠져 나오기가 어렵고 때에 따라서는 위험할 수도 있겠다는 생각까지 든다.

아이들은 신이 나서 옥수수밭 속을 누빈다. 정말 어린아이라면 재미있는 상상의 나래가 저절로 펼쳐질 것 같다. 그 때 갑자기 어디선가 멀리서 개가 짖어대는 소리가 났다. 사실 주인한테 걸린 것도 아니지만 머나먼 이국땅에서 잘못하여 미국 개한테 봉변이라도 당하면 뭐라고 설명해야 할지 입장이 난처할 것 같아 어렸을 적 여름 참외 서리하다가 도망치듯이 후다닥 서둘러 차 속으로 돌아왔다. 그런데 아이들은 그 상황이 스릴 있었나 보다.

"아빠, 개가 어디서 짖는지 찾아가 보면 안될까요? 옥수수도 이렇게 큰데, 개는 얼마나 큰지 보고 싶어요."

아이들은 아빠의 걱정에는 아랑곳 하지 않고 호기심만 잔뜩

내보인다. 지금은 적절하지 않다고 아이들을 타이르고 나서 다시 자동차로 국도를 달렸다. 땅과 하늘 사이에 끝없이 펼쳐진 옥수수밭을 보니 먹을 것이 부족해 보릿고개를 겪었던 우리 조상님들의 모습과 지금도 수많은 사람들이 식량부족으로 고통을 겪고 있다는 사실이 너무나 마음 아프게 다가왔다.

원래 이곳, 사우스 다코다주라는 이름은 이곳에 살고 있던 인디언 원주민의 이름인 Lakota에서 유래되었다고 한다. 또 이 주는 미시시피*Mississippi*강의 지류로서 미국에서 가장 긴 강인 미주리*Missouri*강이 한 가운데로 흐르고 있어 이를 중심으로 주가 동서로 나뉘어져 있다. 주의 공식적인 닉네임도 '마운트 러쉬모어주*Mount Rushmore State*' 라고 불릴 정도로 주*state* 이름보다는 러쉬모어 국립공원이 더 유명한 곳이기도 하다.

주 면적은 우리나라 전체가 들어가고도 남을 만한 땅덩어리인데, 인구는 100만 명이 채 되지 않는다. 그리고 시티뱅크의 카드사업부나 대규모 엘리스워스 공군기지*Ellsworth Air Force Base*가 자리잡고 있어 실업률이 가장 적은 주이기도 하다. 또한 주 인구보다 훨씬 많은 수백만 명의 관광객이 해마다 이곳을 찾아오고 있어 많은 일자리들을 만들어내고 있다.

우리가 러쉬모어 국립공원에 도착했을 땐 이른 아침임에도 불구하고 많은 관광객들이 북적이고 있었는데 대부분이 미국인들이었다. 그곳 전시관에서 우리는 멀리 남부 조지아주에서 왔다는 앤더슨 부부를 만나게 되었다. 미국 역사를 대표하는 대통령의 조각상을 보며 가슴이 너무 뿌듯하고 자기 손자들과 같이 다시한번 방문할 것이라고 말하는 앤더슨 부부의 말을 들으니 자기 나라와 대통령에 대한 자긍심이 대단하다는 것을 느낄 수 있었다.

나도 그분들에게 우리는 한국 사람이고 한국은 5천년의 역사와 문화를 가지고 있으며 많은 아시아 국가들도 다양한 문화를 가지고 있다고 소개하였다. 그러자 앤더슨 씨가 나에게 묻는다.

"한국에선 유명한 지도자로 누가 있나요?"

"음…."

일제 강점기 이후 전쟁이 끝난 지 겨우 60년이 지나면서 어쩔 수 없이 겪어야 했던 변화의 역사가 있었음을 알지만 세종대왕 말고는 달리 생각나는 최근 지도자가 없다는 사실에 잠시 당황

대통령 바위 얼굴 : 사진의 왼쪽으로부터 조지 워싱턴(George Washington), 토마스 제퍼슨(Thomas Jefferson), 시어도어 루즈벨트(Theodore Roosevelt) 그리고 아브라함 링컨(Abraham Lincoln)

하였다. 우리나라도 이제는 큰 지도자가 나오도록 국민들 모두가 노력해야 하지 않을까 하고 생각하면서 앤더슨 씨에게 꼭 한 번 한국을 방문해 보도록 권하였다.

1927년부터 1941년까지 14년 동안 화강암 절벽을 깎아서 만든 러쉬모어 국립공원에는 4명의 미국 대통령 얼굴이 새겨져 있다. 미국 건국의 아버지로서 대통령의 권력에 대한 절제를 보여준 조지 워싱턴*George Washington* 대통령, 미국 독립선언서를 기초하였고 지금의 미국 민주당의 시초인 민주공화당을 창당하여 자유와 평등을 강조하였고 은퇴 후 버지니아 대학을 설립하여 교육자로서 생을 마친 제3대 토마스 제퍼슨*Thomas Jefferson* 대통령, 가난한 농민의 아들로 태어나 독학으로 변호사가 되었고 노예해방을 주장하며 "국민에 의한, 국민을 위한, 국민의 정부는 지상에서 영원히 사라지지 않을 것이다"라는 유명한 게티스버그 연설을 남긴 제16대 아브라함 링컨*Abraham Lincoln* 대통령, 그리고 진실과 공정, 혁신주의를 주장하였고 뉴욕의 자연사박물관의 기초를 세우며 스스로 의용군을 만들어 미국-스페인 전쟁에 참가하고 1906년 노벨 평화상을 수상한 제26대 시어도어 루즈벨트*Theodore Roosevelt* 대통령.

역사의 어디까지가 진실인지는 나로서 알 길이 없다. 하지만 적어도 이들이 보여준 보통 이상의 모범적인 리더십을 보고 듣고 느끼면서 지금 여기에 와있는 미국인들은 모두가 앤더슨 부부와 같은 긍지와 자부심을 가지고 있지 않을까? 우리나라 정치인들 중에서도 언젠가 이처럼 국민의 존경을 받고 역사적으로 계속 남을 수 있는 지도자가 빨리 나와주길 진심으로 바란다.

이들 대통령들이 남겨놓은 과거를 뒤로 하고 우리는 세계에서 가장 큰 기념탑이 있는 크레이지호스 기념관*Crazy Horse Memorial*으로 향하였다. 마운트 러쉬모어에서 자동차로 약 30분 정도 떨어져 있는 그곳은 라코타 인디언족의 리더였던 '타슝카 위트코', 영어로는 '크레이지호스'를 기념하기 위해 세운 기념탑이 있는 곳이다. 크레이지호스는 '라코타*Lakota*' 인디언의 삶의 방식과 자기네 땅을 지키기 위해 미국 연합군을 상대로 하여 많은 승리를 거둔 인디언 지도자였다. 그런 까닭에 인디언들에게 그는 전쟁영웅이면서 또한 그의 용맹과 리더십이 아직도 모든 인디언들의 가슴 속에 남아있는 전설적 인물이다.

비록 나중에는 연합군에 패하여 사라졌지만 그 후 인디언들은 마운트 러쉬모어의 대통령들과 균형을 가질만한 상징물을 원하였고 이를 기초로 보스톤 출생의 조각가로서 마운트 러쉬모어를 만드는 데 참여했던 지올코브스키*Korczak Ziolkowski*에 의해서 이 기념탑은 만들어지기 시작하였다.

1948년부터 조성하기 시작한 이 조각상은 역사에 휩쓸려 사라져간 미국 인디언들의 희생과 용기를 후손에 알리면서 문화적 가치로서 순수성을 이어가기 위해 미국 정부의 1000만 달러 보조금조차 거부한 채 국민들의 참여만으로 만들어지고 있었다.

특이할 만한 것은 이런 기금 조성에 인디언 이외에도 수많은 미국인들이 자발적으로 참여하고 있다는 것이었다. 이는 어렸을 때부터 조금씩 돈을 모아 공공의 이익이 되는 단체에 기부하는 활동에 익숙해져있는 이들의 문화 때문이기도 하지만 그들이 저지른 지난 역사에 대해 반성하는 의미도 있지 않나 싶다.

현재도 만들어가고 있으며 앞으로도 계속해서 만들어갈 예정인 이 작품은 계획대로라면 조각상의 너비가 195미터에 높이는 172미터이다. 마운트 러쉬모어의 대통령 얼굴 크기가 18미터인데 반해 크레이지호스의 얼굴 크기는 27미터로 다 완성되면 그 규모가 세계 최대의 조각상이 될 것이라 한다.

지금의 미국이 있기까지 많은 사연과 시련이라는 역사가 사람들 사이를 흘러갔겠지만 이긴 자가 있다면 다른 한편에서는 희생이라는 무게를 감당해야 했을 누군가가 존재했을 것이다. 그런 역사의 무대를 이곳 블랙힐스 국립공원 안에서 그것도 30분

거리를 두고 현재의 승자인 대통령들과 그런 역사의 바퀴에 짓밟혀 사라져간 전쟁의 영웅을 동시에 볼 수 있다. 과거의 역사를 돌이킬 수 없지만 당시 각자의 위치에서 최선을 다한 영웅들의 모습과 흔적들을 보면서 조금은 씁씁한 느낌을 받는 것은 아마도 운명 앞에서 어쩔수 없는 불완전한 우리의 삶을 느꼈기 때문인지 모른다.

말을 탄 크레이지호스가 손으로 끝없는 평원을 가리키며 "내가 묻히는 곳이 우리 인디언들의 영토다"라고 외쳤던 것이 220년 전 일인데, 부분적으로나마 완성된 크레이지호스상을 보니 마치 살아나서 다시 부르짖는 것만 같다. 역사는 그렇게 흘러가는가 보다.

13 충청도보다 더 큰 공원

– 옐로우스톤 국립공원, 와이오밍주(Yellowstone National Park, WY)

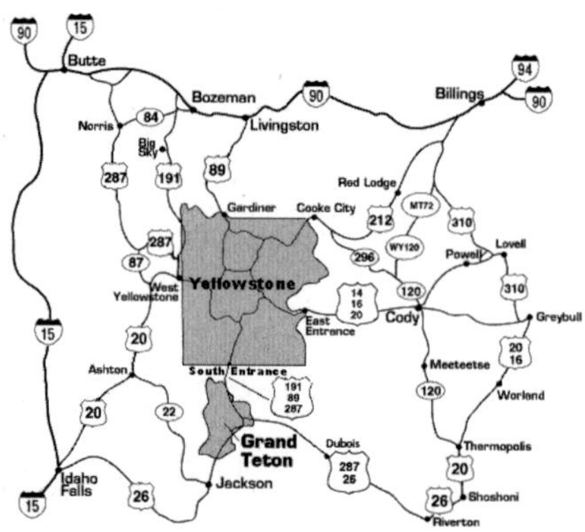

옐로우스톤 국립공원 가는 길

인디언의 거친 숨소리를 뒤로 하고 진실이 어디까지인지 모를 인간의 역사보다는 언제나 정직한 역사를 볼 수 있는 자연공원 중 하나인 엘로우스톤 국립공원*Yellowstone National Park*으로 향하는 마음이 오히려 가볍기만 하다.

대통령 얼굴 바위공원에서 약 800킬로미터 서쪽에 위치한 옐로우스톤 국립공원은 와이오밍주에 위치해 있으며 총 5개의 출입구가 있는데 동서남북 각각에 하나 그리고 북동쪽에 하나가 더 있다. 우리는 주간도로인 I-90번을 최소한 이용하고 일종의 지방도로인 US-14/16번과 US-20번을 이용하여 동쪽 출입구를 택하기로 하였다.

10시간 이상 소요되는 거리와 공원 안의 숙박시설은 가격도 비쌀뿐더러 보통 성수기 때는 1년 전에 예약하지 않으면 자리가 없다는 것을 알고 있었기에 공원 앞에 있는 코디*Cody*라는 마을에서 하루를 머물고 다음날 공원으로 향했다.

중부대평원의 서쪽 끝부분이 록키마운틴*Rocky Mountain*과 만나는 곳에 위치한 와이오밍주는 미국에서 10번째로 큰 땅덩어리에 인구는 가장 적은 50만명 정도가 사는 곳이다. 언뜻 보기에는 사람이 살기에 열악한 환경처럼 보이나 해마다 옐로우스톤 국립공원을 찾는 수많은 관광객들과 금광석 채굴산업으로 활발하게 움직이는 주이기도 하다. 또 개인과 기업에 소득세가 부과

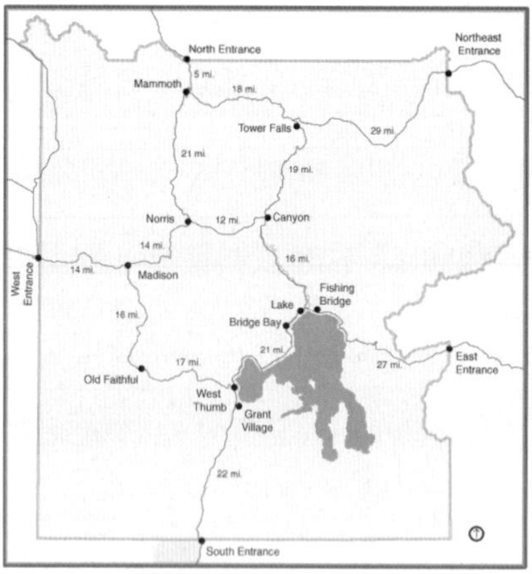

옐로우스톤 국립공원

되지 않아 미국에서 가장 기업 친화적인 주*state*라는 사실을 알고난 후에는 훨씬 매력적으로 느껴졌다.

미국 최초의 국립공원이자 가장 큰 공원인 옐로우스톤 국립공원은 90% 이상이 와이오밍주에 속해 있으나 북쪽 일부는 몬타나주*Montana State* 그리고 서쪽 일부는 아이다호주*Idaho State*가 접해 있으며, 공원 내부는 5개의 큰 특징이 있는 지역으로 나뉘어져 있다. 공원은 각각 그 특징에 따라 북쪽은 맘모스*Mammoth*라 부르며, 시계 방향으로 루즈벨트*Roosevelt*, 협곡*Canyon*, 호수*Lake* 그리고 간헐천*Geyser* 구역이라 부른다.

우리는 먼저 모든 여행객들이 찾는다는 간헐천 구역에 있는 올드 훼이스풀*Old Faithful*을 찾았다. 근처 안내소 앞에는 언제 온천수가 치솟을지를 알리는 게시판이 있었는데, 벌써부터 수많

엘로우스톤 공원의 간헐천

은 사람들이 자리를 잡고 온천수가 분출되기를 기다리고 있었다. 보통 1시간 30분 간격으로 2만 리터가 넘는 온천수가 50여 미터의 높이로 3~4분 정도 치솟는다고 한다. 실제로 이를 지켜본 우리 아이들은 과학시간에 듣기만 했던 땅 밑 지구가 살아 움직이고 있다는 사실을 눈으로 확인하고 나서는 몹시 흥분한 모습이었다.

공원 내 250여 개의 간헐천에서 느껴지는 살아있는 지구의 모습을 보고 있노라면 여기에서 뿜어져 나오는 수증기와 미네랄로 인하여 노랗게 변해버린 바위의 색깔 때문에 옐로우 스톤이라는 이름으로 불리게 되었다는 사실을 실감할 수가 있다.

간헐천에서 내뿜는 온천수를 보고난 우리는 다음 방문 장소로 해발 2,400미터 높이에 있는 세계 최대의 호수를 향해 이동하기로 했다. 가는 길은 자동차로 이동하기 편하게 환상형 구조로 되어 있었으나 여름 성수기 하루 평균 입장객 숫자인 2만 여명이나 되는 관광객이 몰려온 탓에 생각보다 이동시간이 더 걸렸다.

우리나라 충청도보다 더 큰 공원을 둘러보기 위해선 많은 시간이 필요하여 서둘러 움직이고 있는데 웬일인지 길이 막혀 자동차가 거의 움직이지 않는다. 약 30분정도 시간이 흘렀지만 좀처럼 자동차가 움직이지 않자 점점 많은 사람들이 자동차 밖으로 나와 무슨 일인지 알아보기 시작하였고 나는 반대쪽에서 오는 차량의 관광객에게 앞쪽에서 무슨 일이 일어나고 있는지 물었다.

대통령 얼굴 바위 지나 서부로 가는 길

"혹시 이쪽 방향이 왜 막히는지 알고 계신가요?"

"전방에 야생 곰이 새끼들과 함께 있어서 그럴 겁니다."

"그런데 왜 교통이 막히죠?"

"곰들을 보호하고 자극하지 않기 위해 공원경찰이 도로를 막고 곰들이 자연스럽게 다른 곳으로 움직일 때까지 교통을 통제하기 때문이죠."

자동차들이 모두 도로에 정차해 있는 것이나 마찬가지 상황이 되었는데도 다들 그런 정보를 이미 알고 있는 것인지 불평하는 사람은 없었다. 그리고 많은 사람들이 차 밖으로 나와 야생 곰을 보기 위해 걸어서 이동하고 있었다. 나도 아이들을 데리고 사람들을 따라 10여분쯤 걸어가니 듣던대로 야생 어미 곰이 새끼들을 데리고 한가롭게 시간을 보내고 있었다. 아이들은 흥분해서 정말로 동물원이 아닌 곳에서 저렇게 곰들이 산다며 신기해한다.

이곳 공원을 돌아다니며 길가에서 한가롭게 풀을 뜯고 있는 아메리카 들소(bison)과 사슴은 이미 흔하게 보았지만 야생 곰을 만나 눈으로 직접 목격하는 것은 쉽지 않다며 우리 옆에 있던 스미스 가족도 아이들과 함께 흥분하며 그 모습을 바라보고 있었다. 스미스 가족과 우리 가족들은 서로 이 모습을 담아 사진을 찍어 주느라 정신없이 시간을 보냈다.

한 1시간 정도 흘렀을까 드디어 곰 가족은 지루했는지 아니면 인간들에게 충분히 서비스를 했다고 생각했는지 그 자리를 떠나갔고 그제서야 공원경찰은 도로 통행을 허락하였다.

특이한 것은 공원경찰이 인위적인 방법으로 야생 곰 가족을 어느 쪽으로 유도하지 않는다는 점이었다. 그들은 야생 곰들이 자연스럽게 도로 옆에서 멀리 떠나갈 때까지 교통을 통제하고 곰이 새끼와 같이 있으므로 민감해져 있기 때문에 만일에 있을 사태에 대비하는 것을 임무로 삼고 있는 것이다.

스미스 씨에게 물었다.

“그래도 1시간씩 교통을 막는 것은 너무 심한 것 아닌가요?”

“우리 인간이 그들의 영역을 침범한 것이기 때문에 그들이 자리를 비켜줄 때까지 기다리는 것이며 따라서 시간이 좀 더 걸릴 수 있는 것은 당연하지요.”

영토 문제로 인디언 땅을 빼앗은 역사를 가지고 있는 미국인과 시간이 흘러 자연과 더불어 살기를 바라는 미국인의 두 모습을 보면서, 인디언의 땅을 빼앗을 때는 나라를 세우기 위해 어쩔 수 없이 한 행동이었는지 아니면 인간의 본성속에 그런 모습이 있는지 궁금하기까지 했다.

하지만 대부분 일반 국민들은 상식이 통하는 사회를 만드는데 더 관심이 많은 것 같고, 그런 정신이 지금 미국으로 하여금 바른 길로 갈 수 있도록 해주는 일종의 보이지 않는 손이 아닐까 하는 생각이 스쳐 지나간다.

뜻밖에도 길에서 상당히 많은 시간을 빼앗겼으나 이곳 공원에 와서 쉽게 볼 수 없는 광경을 경험했으니 그리 운이 나쁜 것만은 아닌 듯싶다. 그 후 자동차 옆으로 보이는 들소나 사슴들을 보고도 이제는 아내와 아이들이 처음처럼 흥분하거나 사진기를 눌러 대느라 바빠하지 않는 것을 보니 야생 곰의 위력이 세긴 센 거 같다.

북쪽 맘모스 핫 스프링*Mammoth Hot Spring*으로 가니 그곳은 높은 곳에 위치한 전망대로 올라가서 경치와 자연현상을 구경하도록 되어 있었다. 조금 늦은 시간이었지만 그곳에서 우리와 비슷한 처지의 미국인 잭슨 가족을 만났다.

잭슨은 자기는 고등학교 선생인데 아내와 고등학교, 중학교에 다니는 아들 둘을 데리고 8주간의 일정으로 미국횡단과 종단을 하고 있는 중이라고 한다. 그들은 캠핑카를 이용해 다니고 있었는데 청소년기의 아이들과 함께 인생에서 가장 소중한 추억을 만드는 이 여행이 너무 좋다며 자기들이 거쳐온 여정과 경험들을 들려준다.

나 역시 여행일정은 약간 다르지만 미국을 동서남북으로 중학생과 초등학생 아이를 데리고 여행하고 있는 중이라고 이야기하면서 나의 취지를 설명하다보니 우리는 어느새 편안하게 이야기 할 수 있는 아주 가까운 사이가 되어 버렸다.

모든 사람들이 시간과 돈이 많이 드는 가족여행을 계획할 수도 없고 억지스럽게 그럴 필요도 없을 것이다. 다만 아이들이 잠시 좁은 공부방과 컴퓨터를 떠나 자연과 삶 그리고 사회에 대해 새롭게 느끼고 이해할 수 있도록 기회를 주는 여행으로서 거기에 가족의 의미를 한번 더 되새길 수 있는 덤까지 얻을 수 있다면 길고 짧고에 관계없이 훌륭한 여행이 되지 않을까 생각해 본다. 만약 그 짧은 여행도 하기 힘들다면 일단 동네 한 바퀴라도 아이들과 함께 걸으며 시간을 보내면 어떨까? 바쁜 생활이지만 그래도 기본에 충실한 것이 멀리 보면 항상 괜찮은 결과를 가져다준다는 평범한 상식을 나는 아직도 믿기 때문이다.

MK메모

〈RV Car〉

보통 캠핑용 자동차라고 불리는 RV Car는 'Recreational Vehicle'의 약자로서 장거리 여행시 숙식을 해결할 수 있는 구조로 되어 있으며 종류별로 보면 다음과 같다.

〉〉 Fifth-wheel trailer : 트럭 뒤에 결합하여 다닐 수 있게 되어 있으며 길이가 10미터 내외로 무게가 많이 나가고 6명 내외 가족이 동시에 숙식을 해결할 수 있다.

〉〉 Truck camper : 트럭 위에 얹어서 이동하기 쉽게 되어 있으며 주차 후 분리하여 트럭으로 자유롭게 이동할 수 있다는 장점이 있다.

〉〉 Popup camper : 접을 수 있는 텐트를 트럭 뒤에 끌고 다닐 수 있게 되어 있으며 무게가 가볍다는 것이 장점이다.

〉〉 Teardrop trailer : 보통 2명이 숙식할 수 있도록 만들어진 것으로서 무게가 적어 오토바이에 달고 다닐 수 있는 종류도 있다.

〉〉 Motorhome : 버스형태나 트럭과 일체형으로 되어 있으며 크기가 크며 말 그대로 집이 옮겨 다닌다고 볼 수 있을 정도로 거실을 비롯한 거의 모든 편의 시설이 구비되어 있다.

14 은빛 호수와 골프

– 코드아레인, 아이다호주(Coeur d' Alene, Idaho)

옐로우 스톤에서 만난 잭슨 가족은 캠핑카를 이용해 움직이기 때문에 우리보다 시간과 장소에 대한 영향을 덜 받는 것이 참 부러웠다. 나 역시 캠핑카를 가지고 여행하는 것에 대해 검토해 보았지만 캠핑카의 특성과 운행방법 등을 완전히 습득하고 나서 시작하는 것이 즐겁고 안전하다고 생각하여 미뤄둔 터였다. 하지만 이번 여행에서 이를 이용하지 못한 것이 영 아쉬움으로 남는다.

아이다호주의 북쪽에 위치하고 있는 코드아레인까지는 옐로우 스톤에서 약 700킬로미터를 달려야 한다. 아이다호주는 미국 동부 6개주인 뉴잉글랜드 지역 메인주, 뉴햄프셔주, 버모트주, 메사추세츠주, 로드아일랜드주, 컨네티컷주를 모두 합친 것보다 더 크지만, 전체 인구는 150만 명 정도로 우리에게는 아주 생소한 지역이다.

우리나라도 이제는 각 지방자치단체가 자기 고장을 광고하면서 적극적으로 산업과 관광객 등을 유치하기 위한 노력이 활발한 것으로 알고 있다. 미국에서도 텔레비전을 통해 각 주나 도시의 특징과 자랑거리를 광고하는 모습을 심심치 않게 볼 수 있는데 아이다호주 광고는 이렇다.

"당신이 지금 먹고 있는 감자가 아이다호에서 생산한 감자입니까?"

"맛과 품질이 다른 곳에서 생산되는 감자와 비교할 수 없습니다."

"감자 구입시 아이다호 산인지 꼭 확인하세요."

이런 광고를 주지사가 직접 하고 있는 것을 본 적이 있는데, 그도 그럴 것이 미국 감자 생산량의 약 35%를 아이다호주가 차지할 만큼 감자는 이 지역의 가장 중요한 생산품이다.

아이다호주의 북쪽에 자리잡고 있는 코드아레인은 한때 금광 및 목재산업으로 많은 부를 이루었었다. 그러나 이 산업들이 점점 쇠퇴해가고 각종 쓰레기들로 주변 호수들마저 오염되면서 그 명성을 잃어갔다. 하지만 오염된 호수를 정화시키는 작업을 끝내고 떠다니는 인공 그린섬을 만들어 이제는 미국 내 가장 아름다운 골프장도 있고, 55개가 넘는 주변 호수들을 비롯한 빼어난 자연환경과 기후를 활용하여 점차 관광과 휴양지로서 자리를 잡아가고 있는 중이다.

호수의 도시라고도 불리는 인구 4만 5천여 명의 작은 이 도시가 더욱 유명세를 타기 시작한 것은 '굿모닝 아메리카' 라는 미국에서 가장 큰 크리스마스 전등행사 방송 프로그램이 이곳에서 개최되면서부터였다고 한다. 하긴 우리나라도 '6시 내 고향'에 소개되면 벽촌이라 하더라도 일약 유명한 지역으로 변하는 경우가 있는데 미국도 그런 점에서는 별반 다르지 않은가 보다.

이러한 변화를 반영하듯 우리가 도착하였을 때 처음 눈에 띈 것은 별장 스타일의 콘도공사 현장이었다. 콘도는 아름다운 호

코드아레인 골프장 14번 홀 옆에서 본 모습

수와 골프장을 바로 앞에 두고 있어서 은퇴를 앞둔 사람이나 미래 투자자를 상대로 하여 한창 프로모션이 진행 중이었다.

우리나라와 달리 보통 전체 콘도 금액의 5~10% 정도 계약금만 내면 바로 본 계약을 할 수 있었으며 나머지 잔금은 입주할 때 주면 된다. 잔금 역시 은행에서 대출을 해주는 형태로 되어 있어서 크게 마음만 먹으면 집 한 채를 바로 내 것으로 만들 수 있어 어떤 면에서는 매력적이기도 했다.

코드아레인 골프장 14번 홀 위에서 본 모습

큰 아이가 '그러면 무조건 사면 될 것 아니냐' 고 묻는다. 하지만 이것 역시 은행돈을 빌려 집을 사는 것으로, 이자율이 지속적으로 안정적일 경우에는 문제가 되지 않겠지만 경제상황이 변하여 이자가 변동되는 경우에 이를 감당하지 못하면 그 책임 역시 파산이라는 형태로 돌아오는 엄격한 사회구조임을 아이에게 말해주었다. 그러면서 세상에는 결코 공짜가 없음을 다시한번 강조하였더니 아이들이 그제야 고개를 끄덕인다.

언젠가 플로리다 올랜도의 디즈니월드를 아이들과 함께 방문한 적이 있었는데 입장료가 너무 비싸 고민하고 있었다. 그 때 부동산 개발회사가 매표소 근처에서 자기들 콘도를 구경만 하면 디즈니월드 티켓을 공짜로 주겠다고 선전하여 따라간 적이 있었다. 잠시 모델하우스를 둘러보면 되는 줄 알았던 것이 결국에는 사업설명회까지 참석해야만 했었고 귀중한 시간을 낭비해야만 했다.

예전의 경험이 있어서 잠시 모델하우스만 본 후 아이들과 함께 코드레인 호수를 걸었는데 자연속에서 보트를 즐기는 주민들의 모습이 퍽 한가롭고 평화로워 보였다.

미국에서 은퇴 후 주거지로 인기있는 주나 도시를 꼽자면 플로리다주, 아리조나주, 샌디애고 등 주로 따뜻한 지역을 선택하는데, 이곳 북쪽에도 많은 은퇴자들이 관심을 가지고 있는 것을 보면 꼭 따뜻하고 좋은 기후이어야만 살고 싶은 후보지가 되는 것은 아닌 것 같다.

내가 어렸을 때만 해도 집에서 그리 멀지 않은 시냇가에 가면 가재와 송사리, 개구리 등이 살고 있었다. 그런데 지금은 그런

코드아레인 호수에서 카누를 타고 잠시 휴식을 취해본다

모습을 보기 힘들고, 또 도시별로 분명한 특징을 지닌 곳을 찾기가 점점 어려워지는 것 같아 자꾸만 안타까운 마음이 든다.

여행을 하면서 계속 느끼는 것이지만, 외국인들이 우리나라에 와서 보고 싶은 것은 서울 같은 도시의 모습이 아니라 오랜 전통이나 복장, 음식, 건물 등 꼭 그곳에 가야만 볼 수 있는 그런 모습일 것이다. 즉, 지구상에 유일한 것을 원하고 있는 것이다. 우리나라에도 이곳 못지않게 깨끗하고 평화로운 호수, 전통적인 행동양식, 자연 등 분명한 우리의 것들이 있다. 업무 또는 개인적으로 유럽, 호주, 아시아 등 여러 나라를 다녀 보았지만 기억에 오래 남고 다시 가보고 싶은 곳들은 서로 비슷한 모습의 도시가 아니라 그들만이 간직하고 있는 고유한 전통가치들을 지키고 사는 곳이었다.

막국수와 닭갈비까지 있는 호반의 도시 춘천이 이곳보다 훨씬 더 매력적인 곳으로 세계인들에게 자리매김 되기를 상상해보면서, 오늘은 한가로이 이곳 호수에서 아이들과 함께 노를 저어본다.

MK메모

〈세계 유명 10대 골프장〉

– 골프매거진 2010년 기준

〉〉 파인 밸리*Pine Valley* : 미국 뉴저지 파인 밸리

〉〉 사이프레스 포인트 *Cypress Point* : 미국 캘리포니아 페블비치

〉〉 오거스타 내셔널 *Augusta National* : 미국 조지아 오거스타

〉〉 세인트 앤드류 *St. Andrews, Old Course* : 영국 스코트랜드

〉〉 로얄 카운티 다운 *Royal County Down* : 북아일랜드 뉴캐슬

〉〉 쉬네콕 힐스 *Shinnecock Hills* : 미국 뉴욕 사우스햅톤

〉〉 페블비치 *Pebble Beach* : 미국 캘리포니아 페블비치

〉〉 오크몬트 *Oakmont* : 미국 펜실바니아 오크몬트

〉〉 뮤어필드 *Muirfield* : 영국 스코트랜드 걸란

〉〉 메리온 이스트 *Merion East* : 미국 펜실바니아 아드모어

15 커피와 비행기

– 시애틀, 워싱턴주(Seattle, WA)

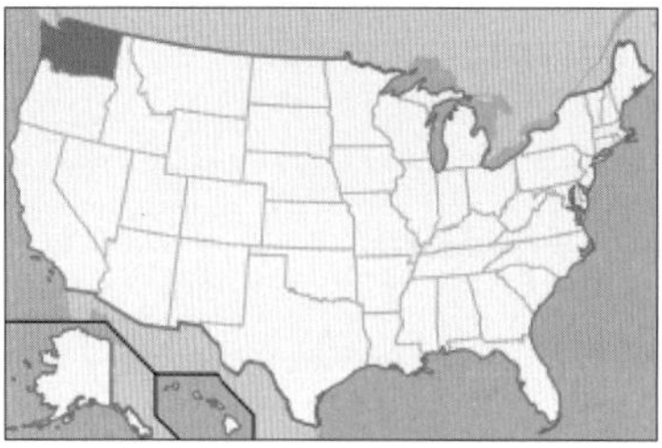

평화로웠던 코드아레인 마을의 호수를 뒤로 하고 세계적으로 이름 난 커피매장 스타벅스가 탄생된 곳이며, 2001년까지 세계 최대 항공기 제조회사였던 보잉 본사가 있고, 세계 최대 인터넷 서점인 아마존 닷컴이 세워진 시애틀로 향하였다.

자동차가 아이다호주의 경계를 지나 미서부 끝에 위치한 워싱

시애틀까지 마중 나온 둘째 동생 가족과 함께

턴주*State of Washington*로 들어선 것은 코드아레인을 떠난 지 불과 30분도 채 되지 않아서였다. 거기에서부터 500킬로미터 떨어진 시애틀은 항상 푸른 주*Evergreen State*라고 불리는 워싱턴주의 가장 큰 도시다. 시애틀은 우리에게 널리 알려져 있고 도시도 크기 때문에 당연히 워싱턴주의 수도일 것이라고 생각하였으나, 시애틀에서 약 100킬로 남쪽에 떨어져 있는 올림피아*Olympia*가 행정수도였다. 시애틀처럼 우리가 알고 있는 크고 유명한 도시들은 대부분이 주의 행정수도가 아니었다. 사실 미국의 각 주 별로 있는 행정수도를 우리가 알고 있을 이유는 없지만, 크고 유명한 도시가 행정수도일 것이라는 지레짐작이 얼마나 어설픈 상식인가를 깨닫게 해주고 있다.

미국 초대 대통령인 조지 워싱턴의 이름을 따서 명명한 워싱턴주는 1846년 오레곤 조약에 따라 영국으로부터 양도받아 1889년 42번째로 미 합중국에 편입되었다. 그 후 알래스카*Alaska*와 캐나다 북쪽 유콘지역*Yokon Territory*이 금광개발의 주요 거점도시로 성장하면서 눈부시게 발전하였다. 또한 이곳은 만년설을 자랑하는 4,390미터의 레이니어산*Mount Rainnier*을 뒤로 하고 있으며 앞으로는 태평양을 바라보고 있어 그 푸르름을 사계절 내내 느낄 수 있다. 또 이곳은 마이크로 소프트 창업자인 빌 게이츠*Bill Gates*와 세계적 색소폰 연주자 케니지*Kenny G*, 그리고 전설적인 기타리스트 지미 헨드릭스*Jimi Hendrix*가 태어난 곳이기도 하다.

우리가 먼저 도착한 곳은 보잉사인데, 1916년 윌리엄 보잉*William Boeing*에 의해 탄생된 항공기 제조회사로서 공장투어가

시애틀 보잉사 박물관에서 비행기 엔진을 배경으로

가능하였다. 세계 최대 항공기 제작과 수출회사라는 설명과 함께 우리가 도착한 에버렛 공장*Boeing Everett Factory* 내부는 그 규모가 어마어마했다. 이 공장은 기네스북에 오른 세계 최대 단일 공장으로, 잠실종합운동장보다 3배 이상 큰 40만 평방미터 규모의 공장에서 보잉 747 등의 비행기가 조립되고 있었다.

세계 각국으로부터 만들어져 배달되는 약 600만개 부품으로 하나의 비행기가 완성되어 가고 있다는 안내원의 설명을 들으면서 소프트웨어와 하드웨어가 모두 완벽하게 갖추어져야만 완성이 가능한 이들의 조립 시스템에 절로 탄성이 나왔고 인간의 무한한 능력에 대해 신비감마저 느껴졌다. 아이들도 마냥 신기한 듯 안내원의 설명을 열심히 듣는다.

미 남부 플로리다주의 올랜도*Orlando*에는 우리에게 우주 왕복선 발사 장소로 많이 알려진 케네디 스페이스 센터*Kennedy Space Center*가 있다. 몇 년전 그곳을 아이들과 함께 방문한 적이 있었는데, 오늘도 그때와 비슷하게 강한 호기심을 나타낸다.

"아빠, 이거 진짜 하늘을 날 수 있는 거예요?"

"와! 진짜 엔진이 크다!"

다음 일정을 챙겨야 하는 나의 입장에선 아이들의 관심을 적극적으로 같이 해주지 못하는 아쉬움이 컸다. 사실 아이들이나 나나 관심의 방향은 다르지만 그 내용을 들여다보면 같은 것이 많다. 아이들이 비행기에 관심이 컸다면 우리는 한국과 뉴욕에서 맛보았던 스타벅스 커피맛이 시애틀 본점의 맛과 분위기와 어떻게 다를까가 관심이었다.

본래 스타벅스는 고등학교 선생님이었던 제리 볼드윈*Jerry Boldwin*을 포함한 세 명의 공동 투자자가 1971년에 설립한 커피

가게로, 처음에는 커피 원료인 원두와 커피장비를 판매하던 곳이었다고 한다. 그 후 1982년에 마케팅 담당 임원으로 고용된 로버트 슐츠가 이태리 출장에서 영감을 얻고 돌아와 원두와 커피기계만 파는 곳이 아닌 문화를 파는 커피바를 만들자고 건의하였다. 그러나 그 당시 커피는 집에서나 만들어 마시는 것으로 믿었던 공동 투자자들에 의해 거절당하였고, 결국 1987년에 슐츠가 창업주들에게서 스타벅스를 인수한 다음 오늘날 세계 최대의 커피전문점으로 탄생시켰다고 한다.

최초 창업주들이 스타벅스를 넘기고 집중한 커피 원료 및 기계 판매사업인 피트 커피*Peet's coffee and bean* 회사는 현재 연간 매출이 약 2,000억인데 반해, 그들로부터 인수받아 늦게 출발한 스타벅스는 20여 년이 지난 지금 세계 50여 개 나라 15,000 매장에서 연간 10조원대의 매출을 올리고 있으니 참으로 세상일이란 내일을 알 수 없는 것인가 보다.

스타벅스 본점은 시애틀의 유명한 관광지 중 하나인 퍼블릭 마켓*Public market* 근처에 자리잡고 있는데, 커피를 좋아하는 아내는 그곳에서 여러 가지 종류의 커피를 마셔보고 싶은 눈치였다. 스타벅스 본점은 현대식 건물이 아닌 초기의 낡은 겉모습을 예전 그대로 간직하고 있었다. 현대식으로 멋있게 꾸며져 있을 거라 예상했던 우리는 이 가게를 지나쳤다가 다시 되돌아 왔다.

낡은 모습을 그대로 보존하고 있는 까닭은 이곳을 찾는 이들에게 스타벅스 탄생의 역사를 그대로 느낄 수 있게 해주기 위한 것이라고 한다. 만약 이곳을 현재 매출에 맞게 현대식으로 멋있게 바꿔 놓았다면 풍요로움을 느낄 수는 있겠으나 어떤 가치와도 바꿀 수 없는 유일한 역사와 독특한 향기가 사라진다는 사실을 이들은 알고 있는 듯했다.

우리는 한국에서도 대중적인 카페라테와 모카를 주문해 마셨는데 대기하는 사람이 너무 많아 주문한 커피가 늦게 나오자 미안하다며 스타벅스 쿠폰을 덤으로 준다. 기분좋게 무료로 받은 쿠폰을 가지고 아이들이 먹을 수 있는 다른 종류의 음료를 마시고 바로 옆에 있는 퍼블릭 마켓으로 향하였다.

퍼블릭 마켓은 파이크 플레이스 마켓*Pike Place Market*이라고도 불리는데, 엘리엇 만*Elliott Bay*을 바로 앞에 두고 있으며, 연간 1,000만 명 이상의 관광객이 다녀가는 100년 전통의 전형적인 재래시장이다.

늦가을부터 봄까지 일주일에 평균 6일 정도 비나 구름으로 덮여 있어서 우울증 환자가 많이 생긴다는 이곳 시애틀! 그런 날씨 탓에 커피의 향과 따뜻함이 주변의 환경과 잘 조화되고 있는 것 같다. 그래서일까. 이쪽 지역에서는 아이스크림 가게가 잘 되지 않는다고 한다. 결국 환경에 따라 음식도, 문화도 그리고 생각도 변하기 마련인가 보다.

우리가 출발한 동부의 대서양이 차갑고 거친 듯한 느낌이었다면 수천 킬로미터를 달려 도착한 서부 워싱턴주에서의 태평양은 엄마의 품처럼 크고 따뜻하게 느껴졌다.

비록 바다가 우리를 가로막고 있지만 이대로 차가 계속 달릴 수 있다면 저 태평양 너머에 있을 부모님, 가족 그리고 친구들을 만날 수 있으리라 생각하니 가슴이 콩콩 뛰는 듯 설렌다.

아무리 오래 미국에 있어도 한국인으로 살아갈 수밖에 없는 이유 중 하나는 바로 한국음식 때문이라고 이민 와서 20년 이상 뉴욕에 살고계신 교포 한 분이 해주신 말씀이 생각난다. 그래서일까. 오늘따라 저 태평양 너머 고국에 계신 어머님이 해주시던 김치찌개와 청국장이 생각난다.

MK메모

〈커피의 종류〉

〉〉 에스프레소*espresso* : 높은 압력으로 빠르게 추출하여 만든 커피.

〉〉 리스트레또*Restretto* : 에스프레소를 보다 진하게 추출한 커피.

〉〉 카페 라테*caffe latte* : 에스프레소와 우유의 비율을 1 : 4로 섞어 부드럽게 만든 커피로서 '라테'는 우유를 말한다.

〉〉 카푸치노*cappucino* : 에스프레소에 우유거품을 얹어 만든 커피로서 계피가루를 첨가하기도 하며 카페 라테 보다 우유가 덜 들어가 커피 맛이 좀 더 진한 커피.

〉〉 마키아토*macchiato* : 에스프레소에 아주 적은 양의 우유를 첨가한 커피.

〉〉 카페 모카*caffe mocha* : 카페 라테에 초콜릿시럽을 더한 커피.

〉〉 카페 아메리카노*americano* : 에스프레소에 뜨거운 물을 부어 만든 것으로서 레귤러보다 더 연하며 미국에서 많이 마시는 커피로 알려져 있다.

남부에서 북부로

남부에서 북부로

16 남북 종단의 시작

– 티후하나, 멕시코(Tijuana, Mexico)

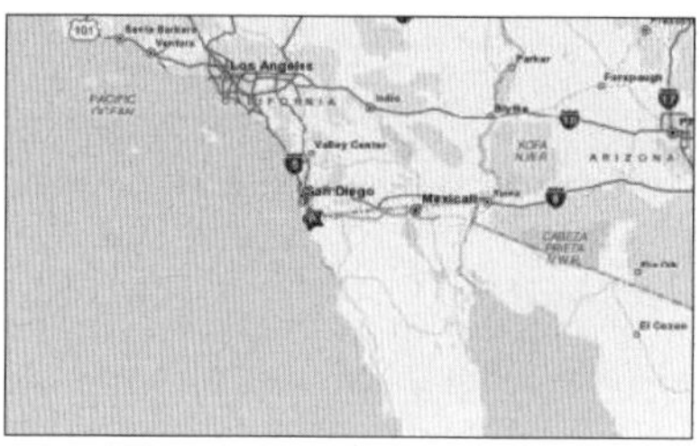

미국 동부에서 주로 생활을 하다 보니 시간이 허락할 때 가족과 여행하게 된 곳은 미국의 행정수도인 워싱턴 D.C.와 뉴욕, 보스톤 등 주로 대서양을 따라 이루어진 동부지역이었다. 가끔 일 때문에 로스엔젤레스나 샌프란시스코를 방문하였을 때는 태평양을 바라보고 있는 미국 서부지역을 남북으로 종단하는 여

행을 언젠가 해보고 싶다는 생각을 여러 번 하곤 했었다.

부모님께서 우리에게 보여주셨듯이 시간과 공간을 같이 하면서 서로 만들어 가는 추억과 대화야말로 아이들에게 물려줄 가장 중요한 것이라 생각되었기에 이번 여행은 오래 전부터 마음먹었던 일이었고, 동서횡단에 이은 남북종단을 위한 시발점으로 멕시코*Mexico* 티후하나*Tijuana*를 선택하였다. 그리고 남북 종단의 경로를 이곳 멕시코부터 시작하여 캐나다 밴쿠버까지로 정한 이유는 잠시 동안이지만 북미대륙에 있는 각기 다른 국가의 모습을 함께 배우기 위해서였다.

약 1억 천만명의 인구가 미국 텍사스주의 3배 정도 되는 국토에서 살고 있는 멕시코는 춤과 멕시코 음식인 타코, 그리고 멕시코 술인 데킬라로 널리 알려져 있으며, 어느 나라 못지않게 정열적으로 사는 민족이다.

멕시코 31개의 주*state* 중 하나이며 태평양을 바라보고 있는 길다란 반도 모양의 지역을 바하 캘리포니아*Baja California*주라고 부르는데, 티후하나는 미국 캘리포니아주와 국경을 접하고 있는 멕시코 바하 캘리포니아주의 가장 위쪽에 위치한 도시 이름이다.

1848년 미국-멕시코 전쟁에서 멕시코가 패하자 지금의 캘리포니아와 네바다 일부를 포함한 지역인 알타 캘리포니아*Alta California*를 미국에 넘겨주고 미국과 멕시코간에 국경이 정해진 후, 티후하나는 미국 국경과 가장 가깝다는 이유로 도시가 발전하기 시작하였다. 미국과의 국경을 사이에 두고 하루에 약 30만 명 정도의 사람이 통행하고 있는 이 지역은 지금도 매년 8만 여 명 정도가 미국을 포함한 멕시코 다른 주에서 이곳으로 이주해 오고 있다고 한다.

자동차를 이용할 경우 미국으로 다시 들어올 때는 국경의 검문 때문에 상당히 많은 시간을 기다려야 한다. 그래서 우리는 미국 국경 근처에 차를 주차시키고 티후하나로 가는 버스를 이용하기로 하였다.

버스가 서서히 미국 국경을 지나 멕시코 국경을 넘어서자 우리의 눈 앞에는 마치 우리나라 1970년대의 모습이 펼쳐져 있었다. 불과 30여분 떨어진 미국과는 너무나 차이가 있었다.

티후하나는 공식적으로 인구가 120만명이라고 하나, 실제로

국경에서 구할 수 있었던 멕시코 티후하나 시내지도와 안내책자

는 200만명 가까이 된다는 이야기가 있을 정도로 이곳에는 관광객들이 많이 찾아오고, 또 전국에서 기회를 찾아 이곳으로 몰려오는 이들로 늘 북적이고 있다.

미국에 비하여 상대적으로 값이 싸고 처방전 없이도 구할 수 있는 의약품과 술을 비롯하여 의류 및 기념품 등이 많고, 대부분 저렴한 가격으로 물품들을 판매하고 있어 전통음식을 파는 레스토랑들과 함께 수많은 관광객들을 유혹하고 있었다.

하지만 활기찬 모습 못지않게 범죄율도 갈수록 높아져서 총기

사고와 마약거래의 중심지로 부각되고 있는 곳이기에 매우 긴장하고 조심하면서 다녀야만 하는 곳이기도 했다.

티후아나 중심광장을 둘러본 후 식사를 하기위해 근처 레스토랑에 들렀다. 이곳 멕시코에서 먹는 소위 원조음식 맛이 어떤 것일까 궁금해 하면서 음식을 주문하였다. 더운 날씨 탓이기도 하고 진즉부터 한국음식이 그리웠던 터라 가능하면 맵게 요리를 해달라고 종업원에게 부탁하였더니 어느 정도 맵게 해주면 좋은지를 묻는다. 인도요리를 포함하여 여러 나라 음식을 먹어 보았지만 한국음식보다 매운 맛은 아직까지 경험한 바가 없었기에 나는 자신있게 대답하였다.

"여기서 가장 맵게 요리할 수 있는 만큼 해도 됩니다."

"그러면 정말 매워서 힘들텐데요?"

"걱정마세요."

"그러면 요리의 반은 아주 맵게 하고 나머지 반은 약간 맵게 하면 어떨까요?"

아내가 그 말을 듣더니 약간 걱정인 듯 그럼 아이들도 있으니 종업원 말대로 하자고 한다.

"좋습니다. 그렇게 준비해 주세요."

그리고 우리는 한국사람이라고 소개하면서 매운 것은 걱정 안 해도 된다고 안심시켰지만, 종업원은 그래도 걱정스런 얼굴로 주문을 받아갔다.

얼마 후 나온 음식은 푸짐하고 보기에도 먹음직스럽게 보였다. 허기가 졌던 우리들은 별 생각없이 음식을 먹기 시작하였다. 매우면 얼마나 매울까 하고 생각했던 나의 생각은 금세 보기좋게 빗나가고 말았다. 일부 음식은 우리나라의 청양고추 못지않게 매운맛이었는데 너무 매운 나머지 모두들 약간 매운 맛 음식으로만 손이 갔다. 결국 나머지는 모두 나의 몫이 되어버렸다.

덕분에 정말 땀을 비오듯 쏟으면서 매운 음식을 먹어야 했는데, 내가 미국에서 먹어보았던 멕시코 음식과는 많이 다르다는 것을 새삼 느꼈다. 아마 전통적인 음식은 이렇게 매울 수 있으나 미국 등 다른 나라로 나가면 그 나라에 맞게 약간 맛을 변형시키고 있는 것이 아닌가 싶다.

한참 음식을 먹고 있는데 어디서 왔는지 멕시코 전통악기들을

멕시코 티후하나 식당에서 우리를 즐겁게 해준 연주자와 함께한 시간.
그는 노래를 마치고 즉석에서 알루미늄 호일로 장미를 만들어 주었다.

들고 4인조 즉석 밴드단이 우리를 둘러싸고는 베사메무초를 부르는 것이아닌가. 대부분 열대 관광지에 가면 볼 수 있는 광경으로 노래를 불러주면서 손님들에게 팁을 받아 살아가는 음악인들이었다. 그들의 정성에 보답하고자 작은 팁으로 인사하였더니 그중 한 명이 즉석에서 알루미늄 호일로 장미를 만들어서 준다. 그 장미는 나를 통해 아내에게 주라는 의미였다. 요즘 한국의 젊은이들은 그리 어려운 일이 아니겠지만 우리 샌드위치

세대들에게는 아내에게 애정을 표현하는 것이 익숙하지 않은 터라 머뭇거리고 있는데 아이들은 뭐하느냐고 보채고 밴드는 더 큰소리로 음악까지 연주해주는 것이 아닌가?

어설프게 장미를 아내에게 건네주고 쑥스러워 하는 나에게 그들은 “원더풀” 하면서 분위기를 한껏 돋구어준다. 참 즐겁고 솔직하게 사는 민족인 것 같다. 그래서 생활이 힘들어도 멕시코인들의 행복지수는 높은가 보다.

남북종단 첫 출발지에서 우리들을 위해 들려준 멕시코 전통음악으로 신선한 에너지를 전달받은 느낌이 들어 기뻤다. 앞으로 있을 머나먼 여정을 응원이라도 하듯 말이다.

MK메모

〈멕시코〉

〉〉 마야문명 이후 약 300년 동안 스페인의 식민지

〉〉 1821년 스페인으로부터 독립

〉〉 연방국가로서 민주주의 공화국으로 대통령제 채택

〉〉 수도는 멕시코 시티

〉〉 인구는 약 1억 1천만 명

〉〉 1인당 국민소득은 약 9,500 달러

〉〉 화폐는 페소*Peso* 로서 미화 1 달러는 대략 12 페소에 해당

〉〉 공식언어는 스페인어

〉〉 종교는 대부분 카톨릭(인구의 80% 이상)

〉〉 많은 국민이 유럽인과 원주민의 혼혈이며 일부 원주민과 백인으로 구성되어 있음.

〉〉 대표음식은 '타코'(옥수수 가루를 반죽해 만든 '토티아'에 고기 및 야채와 양념을 넣어 만든 멕시코식 샌드위치)

〉〉 대표적인 전통술은 테킬라*Tequilar*로서 선인장의 일종인 용설란*Agave*의 수액을 증류시켜 만들며 알코올도수가 40% 이상이다.

17 전쟁과 히스패닉

– 샌디에고, 캘리포니아(San Diego, CA)

멕시코에서 다시 미국으로 국경을 넘어오니 불과 수십 분 정도 거리인 티후하나의 낙후된 모습은 어디론가 사라지고 넓고 깨끗한 모습이 펼쳐진다. 사람은 망각의 동물이라고 했던가. 잘 정리된 거리와 녹색잔디가 아름답게 펼쳐진 미국의 모습을 보면서 멕시코의 어수선했던 모습이 벌써 아득하게 느껴진다.

포브스 잡지에 의하면 미국에서 가장 살기 좋은 도시 5위에 오른 곳이기도 한 샌디에고는 공식적으로는 120만 명이 살고 있고, 도시 주변까지 합치면 300만 정도가 살고 있는 9번째로 큰 도시다. 이곳에는 우리나라가 휴대폰사업과 관련하여 엄청나게 많은 로열티를 주고 있는 미국 퀄컴사의 본사가 자리잡고 있으며, 테크놀로지 산업뿐만 아니라 연중 내내 즐길 수 있는 해양성 특유의 좋은 날씨 때문에 수많은 관광객들이 찾아와 휴식을 즐기는 곳이기도 하다. 아울러 군사 지리적인 이유로 중요한 해군기지들이 위치해 있는 이곳은 멕시코에서 올라오는 저렴한 임금의 노동자까지 합쳐지면서 계속 번창해 가고 있는 중이란다.

우리가 처음 도착한 곳은 시포트 빌리지*Seaport Village*라는 곳이었는데, 예전에 배의 하역장소로 사용했던 곳을 개조하여 1980년도에 문을 연 여러 종류의 쇼핑가게와 레스토랑, 그리고 산책로가 아름답게 만들어져 있는 곳이었다. 이곳 사람들도 대형매장을 찾는 것 못지않게 작지만 전통 있는 가게나 쉽게 구하기 어려운 수제품 등에 많은 관심을 가지고 있었는데, 아마도 대중적인 것 못지않게 유일한 나만의 것에 대한 가치를 즐기는 이들의 습성 때문이지 않나 싶다.

가게 앞에서 발견한 특이한 점은 우리 옆 테이블에 앉아있는

캘리포니아 샌디애고에 있는 항공모함 미드웨이*Midway* 호 (항공모함 자체가 박물관이다.)

사람들뿐만 아니라 종업원들까지 대부분 남미에서 온 사람들이었다. 그리고 그들은 자기들 언어인 스페인어로 즐겁게 이야기하면서 거리를 자유롭게 활보하며 다니고 있었다. 상당히 자연스러운 그들의 모습에서 잠시 이곳이 멕시코인지 미국인지 헷갈릴 정도였다. 하긴 이곳 샌디애고는 전체 인구 중 30%가 남미에서 온 히스패닉이며, 특히 18세 이하 히스패닉 청소년이나 어린이들의 숫자가 백인보다 더 많다고 하니 그리 이상할 것이 아닌지도 모른다.

멕시코인들은 낙태를 금지하는 가톨릭 종교인이 대부분이다. 그 이유 때문인지 아니면 많이 낳는 것이 그들의 문화인지는 알 수 없으나 계속해서 늘어나는 미국내 히스패닉 인구의 증가로 인하여 예전에 미-멕시코 전쟁에서 빼앗겼던 옛 영토인 이곳이 점점 다시 그들에게 돌아가는 것 같은 느낌을 지울 수가 없었다.

샌드위치로 허기를 달래고 미드웨이 해양박물관*USS Midway Museum*으로 향했다. 미드웨이 항공모함*Midway Aircraft carrier*은 길이가 약 300미터에 가장 넓은 갑판의 폭이 70미터에 달하며, 80여대의 전투기를 적재할 수 있고 4,000명이 넘는 승무원이 머물면서 시속 60킬로의 속도로 항해할 수 있는 배다. 또한 베트남전과 걸프전에 투입되었던 역사적인 항공모함이기도 하다.

박물관이면서 항공모함인 이 배의 갑판에 올라가니 25대의 퇴역 전투기가 전시되어 우리를 맞이하고 있었다. 2004년 이곳 샌디에고에 정박했다가 이를 박물관으로 변경하여 일반인에게 개방하였다고 한다.

아들이 항공모함과 전투기를 보더니 무척 흥분되었나 보다. 이리저리 전투기를 살펴보고 갑판 위를 뛰어다니며 마냥 즐거워한다. 사실 전쟁 중에 이 갑판 위에서 벌어졌을 많은 일들을 생각하면 이렇게 편하게 둘러볼 수 없을 텐데 역사란 참으로 아이러니하다.

미드웨이 항공모함을 안내하는 많은 히스패닉 젊은이들을 보면서 갑자기 조금 전 보았던 멕시코 티후하나의 사람들이 떠오른다. 지금 캘리포니아에서는 스페인어를 할 줄 알아야 사업을 할 수 있을 정도로 그들의 힘이 점점 커져 간다고 한다. 같은 인종이어도 어떤 지도자를 만나느냐에 따라 보통 사람들은 고난과 희망이라는 두 갈래 길에서 어느 한쪽에 머물게 된다. 대부분의 사람들은 자신이 머물게 될 위치를 결정해줄 지도자를 잘 선택해야만 희망을 가질 수 있다. 그러므로 어느 민족이건 정치지도자에 대한 선택은 참으로 중요한 일인 것 같다.

우리나라 남북한의 지도자는 다른 나라 사람들에게 어떻게 비춰질까 생각하니 갑판 위를 걷는 마음이 그리 편하지만은 않다.

남북 모두 희망이 넘치는 평화통일의 대한민국이 빨리 이루어지기를 간절히 기원해본다.

MK메모

〈인종별 미국 인구 추세〉

- 2010년 미국 인구 통계국 자료 기준

〉〉 전체인구 3억 1천만 명 (2010년도 기준)

- 백인 : 64.7%
- 히스패닉 : 16.0% (5천만 명)
- 흑인 : 12.2%
- 동양인*Asian* : 4.5% (천 4백만 명)
- 기타 : 2.6%

〉〉 전체인구 4억 4천만 명 (2050년도 예상)

- 백인 : 46.3%
- 히스패닉 : 30.2% (1억 4천만 명)
- 흑인 : 11.8%
- 동양인*Asian* : 7.6% (3천 3백만 명)
- 기타 : 4.1%

18 명품도로와 한인

– 로스앤젤레스, 캘리포니아주(Los Angeles, CA)

로스앤젤레스는 나에게 특별한 의미가 있는 곳이다. 17년 전 이맘때쯤 아버지와 나를 포함한 4명의 아들들이 '5부자'로 똘똘 뭉쳐 대륙을 횡단하고자 미국땅에 첫 발을 디딘 곳이 바로 이곳, '작은 천사의 도시' 로스앤젤레스였기 때문이다.

그 당시 동생들은 모두 결혼하기 전이었는데, 어느새 세월이 흘러 아버지께서는 칠순을 바라보시고 동생들은 모두 결혼하여 각자의 가정을 꾸리며 살아가고 있다.

지난 시간을 생각하면 참으로 감회가 새롭다. 그 당시 조그만

미니밴을 빌려 이곳 로스앤젤레스에서 동부 보스톤까지 덩치 큰 5명의 남자가 여행을 하면서 겪었던 고생담과 깨달음을 글로 정리하면서 가족과 사회생활, 그리고 넓은 세상이란 무엇인지에 대해 진지하게 생각해 볼 수 있었다. 그 당시 느꼈던 여러 면면들을 이제는 나의 아이들과 함께 공유해 본다.

"아빠, 근데 엄마는 왜 같이 여행 안했어요?"

딸아이가 묻는다.

"여행 자체가 너무 힘들 수 있기 때문이었지."

"무슨 소리예요? 남자들끼리 다 준비해서 다녀와 놓곤. 나도

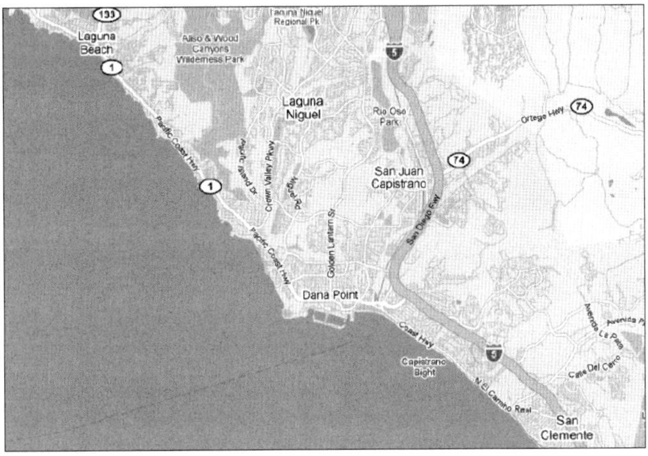

라구나 해변*Laguna Beach*과 뉴포트 해변*Newport Beach*

어머님, 당신 막내 여동생, 그리고 동서들과 함께 언젠간 여자들만 여행을 할 거니까 남자들도 그동안 집에서 잠시 살림이나 하세요."

아내가 끼어들며 핀잔을 준다.

"여러가지 이유가 있어. 당시는 그렇게 진행할 수 밖에 없었지만 지금은 이렇게 온 가족이 같이 다니잖니? 언젠가 너희들도 자식들과 함께 시간과 공간을 함께 하면서 좋은 추억을 많이 물려주렴."

"난 결혼 안하고 엄마 아빠랑 살건데요?"

"그 말 10년도 안돼 바뀔걸?"

잠시 옛 이야기와 현재의 이야기들로 차 안에는 웃음이 가득했다.

샌디에고에서 로스앤젤레스까지는 200킬로미터 정도여서 자동차로 3시간이면 도착할 수 있는 거리이다. 하지만 우리는 지도에서 보듯 주간도로인 I-5을 타고 북쪽으로 올라가 다나포인트*Dana Point*가 있는 왼쪽으로 우회하여 일종의 지방도로 1번인 패시픽코스트 하이웨이*Pacific Coast Highway*를 이용하였다. 태평양을 왼쪽 옆에 두고 서부해안을 따라가면서 영화에 많이 등장하는 라구나 해변 *Laguna Beach* 이나 뉴포트 해변*Newport Beach*을 감상할 수 있었는데, 이 길은 아름다운 자연을 볼 수 있고, 유명 연예인들이 산다는 환상적인 바닷가 별장들도 동시에 감상할 수 있기 때문에 수많은 여행객들에게 추천되는 명품도로로 이름이 나 있는 곳이기도 하다.

로스엔젤리스 할리우드 근처 왁스 박물관 앞에서

아쉬운 마음에 잠시 뉴포트 해변에 주차하고 해안가를 거닐기로 하였다. 둘째녀석은 차에서 내리자마자 바로 모래밭을 향해 쏜살같이 내달리면서 재미있다는 듯 소리도 지르며 모래를 휘젓고 다닌다. 물론 아이로서 충분히 있을 수 있는 일이지만 그러지 못하도록 얼른 불렀다. 그리고 이곳 공공장소의 문화가 어떤 것인지를 설명해주니 다소 아쉬운 듯 그러나 알았다고 한다. 우리가 뉴욕에서 거주할 때 근처 해변에서 느꼈었지만 이곳은 우리나라의 휴양지처럼 먹거리가 풍부하거나 가끔 소리 지르며 놀 수 있는 장소와 분위기가 제공되진 않는다. 시설물 또한 최소한 자연상태를 유지하면서 단순히 나무로 해변 산책로를 만들어 놓았다거나 중간중간 2~3명이 앉을 수 있는 의자가 놓여 있는 것이 전부이다.

한편으론 정갈하고 조용하게 즐기는 이들의 휴양문화도 배워야 할 것이라 생각을 하지만, 가끔은 한국에서처럼 아주머니가 차려주는 싱싱한 회 한 접시를 앞에 놓고 소주 한 잔 기울이고 싶다는 생각이 나는 것은 어쩔 수가 없다. 우리네 민족의 본성이 그런 것인지 아니면 습관이 나를 그렇게 만들었는지 모르지만….

아름다운 해변을 뒤로 하고 1900년도 초 첫 번째 스튜디오가 세워진 후 미국영화의 중심지가 되었고 파라마운트*Paramount*, 워너브라더스*Warner Bros.*, 그리고 콜롬비아*Columbia* 같은 세계적인 영화사가 위치한 할리우드로 발길을 돌렸다.

지도를 따라 한참을 가다보니 멀리 산의 경사면에 세워진 'HOLLYWOOD' 사인이 보이는 것이 우리가 할리우드 지역에 다가왔음을 실감나게 해주었다. 원래 부동산 업체인 할리우드랜드*HOLLYWOODLAND*라는 회사가 자기회사 이름을 광고하기 위해 세웠던 간판이었으나, 우여곡절 끝에 현재의 '할리우드*HOLLYWOOD*' 로 변경되었다. 그 후 이 광고판은 많은 사람들에게 할리우드 하면 생각나는 첫 번째 아이콘으로 자리를 잡았다. 부동산회사가 처음부터 이렇게 상황이 변하리라 생각하고 광고를 하지는 않았겠지만, 어떤 상황에서 사회가 이를 어떻게 활용하는가에 따라 그 가치는 얼마든지 달라질 수 있다는 점을 배우게 된다.

할리우드에서 자동차로 30분 이내에는 수많은 유명 배우들이 산다는 베버리힐스와 한국 이민역사에서 빼놓을 수 없는 한인타운이 자리잡고 있다. 미국에서 한국인의 이민사는 대략 100년

맨스차이니스 극장 앞 스타들의 사인과 핑거프린팅

전으로 거슬러 올라가는데, 1903년 하와이의 사탕수수 농장에 한인들이 이주하기 시작하면서 이민의 역사가 시작되었다. 그 후 일본에 의해 나라가 강제로 병합 당하면서 우리나라 사람들의 이민은 더 이상 이루어지지 못하다가 1960년도에 들어서면서 본격적으로 한인들의 이민 역사가 시작되었다고 할 수 있다.

1960년대에는 한국에서 가지고 나갈 수 있는 달러가 제한되어 있었기 때문에 그 당시 대부분의 한인 이민자들은 불과 수백 달러만 손에 쥐고 낯선 이국땅인 이곳 미국에 정착하기 시작하였다고 한다. 먹을 것이 넘쳐나 다이어트 요법이 오히려 대중적인 인기를 끌고 있는 요즘 한국의 현실에서 보면 고통스러운 정착과정이 뒤따랐을 것임에 틀림없다.

코리아타운인 올림픽블러바드와 위셔블러바드를 아이들과 함께 걸으면서 한인들의 이민역사에서 보면 이제 겨우 100여 년이 지난 지금 한인들의 위치가 많이 변화되었다는 것을 느낀다. 미국 인구의 1%도 채 안 되는 한인들이 미국 사회에서 단단하게 뿌리내리며 살아가는 모습들이 눈에 확연하다.

"이 거리는 불과 얼마 전 많은 한인들이 흑인들과 총격전을 벌인 곳이란다."

"왜요? 경찰은 뭐했는데요?"

"글쎄다. 살다 보면 이해 안 되는 일도 가끔 있지."

당시 흑인폭동은 1991년 '로드니 킹'이라는 흑인이 백인경찰로부터 부당하게 구타당하고, 법원 판결에서도 대부분 경찰들이 무죄를 선고받게 되면서부터 시작되었다. 흑인들은 폭동을 일으키면서 주로 흑인들을 상대로 장사를 해왔던 우리 한인들을 대상으로 약탈과 강도짓을 저질렀고, 그런 까닭에 한인들이 밀집해 살던 지역은 큰 피해를 입었다. 그러나 이처럼 엄청난 피해를 입은 한인들은 정치적인 힘이 약하여 어디에도 하소연하거나 보호를 요청할 수가 없었기 때문에 한인들의 마음이 어떠하였을지는 감히 상상조차 되지 않는다. 하지만 불과 20여 년이 지난 지금 폭동이 지나간 거리는 언제 그런 일이 있었나 싶을 정도로 평화롭고 활기차다.

요즘 우리나라에서는 '5년 또는 10년 이민' 이라고 하여 일생에 한번쯤 다른 나라의 언어와 교육, 문화 속에서 살아보고 싶다는 뜻으로 이민을 간다고도 한다. 어찌 보면 배고픈 이민이라기보다는 삶의 다양성을 즐기고 미래를 준비하기 위한 이민이라고 할 수 있을 것이다. 하지만 불과 30~40년 전만 하더라도 우리나라 사람들의 이민은 전쟁직후의 상황에서 살아남기 위한 선택이었다. 그 힘든 과정 속에서도 지금은 미국 땅에 뿌리를 내려 우리 한국인들 중 많은 사람들이 미국의 정치, 경제, 교육, 보건의료분야에서 많은 활약을 하고 있다.

세월의 흐름과 함께 많은 것이 변하고, 역사라는 도도한 물결

이 흘러가면서 우리가 선택하고 집중해야 할 전략도 당연히 달라져야겠지만 성실함, 감사함과 같은 기본적인 가치들은 어떤 사회이건 또 어떤 경우이건 가장 중요한 성공의 요소가 아닐까 생각해본다.

여행과 관광 모두 우리에게 깨우침을 가져다준다. 하지만 관광이 수동적인 행동이라고 한다면 여행은 다분히 능동적이다. 그래서 비록 이 거리를 지금 여행 삼아 거닐고 있지만 우리 아이들에게 주는 새로운 깨달음과 마음의 선물도 있으리라고 믿는다.

MK메모

〈재외동포 현황〉

– 외교통상부 2009년 기준

》 2009년 기준으로 전체 6백 80만 명의 해외 동포가 전 세계에 흩어져 살고 있으며 이를 국가별로 보면

– 미국 : 210만 명

– 캐나다 : 22만 명

– 중남미 : 10만 명

– 일본 : 91만 명

– 중국 : 230만 명

– 아시아 기타지역 : 46만 명

– 유럽독립국가연합 : 53만 명

– 기타 유럽지역 : 11만 명

– 중동지역 : 1만 3천 명

– 아프리카 : 9천명

19 도박과 사막

– 라스베가스, 네바다주(Las Vegas, NV)

19세기에 미국에서 사람들이 가장 많이 찾는 곳이 시카고*Chicago*였다면, 20세기에는 미국 서부사막 한 가운데 자리잡고 있는 라스베가스*Las Vegas*라고 한다. 로스엔젤레스를 출발하여 자동차로 약 4~5시간이면 도착할 수 있는 그곳은 '죄악의 도시*Sin City*' 라고 불릴 만큼 온갖 여러 가지의 유흥 문화와 도박 그리고 세계적인 음식을 즐길 수 있는 곳이다.

1800년대 중반까지만 해도 멕시코 땅이었던 그곳은 주로 서부로 가는 길목에서 잠시 쉬어가는 곳으로 알려져 있었다. 그러나 1931년에 이 지역에서 도박이 합법적으로 인정되고, 1935년 라스베가스 남동쪽으로 50킬로미터 떨어진 곳에 미국에서 가장 큰 인공호수인 후버댐이 완공되면서 점차 많은 관광객들이 찾게 되었고, 지금과 같은 명성을 얻게 되었다.

섭씨 30도가 훨씬 넘는 무더운 날씨 때문에 지쳐 있던 우리는 천천히 차를 몰면서 달려온 터라 오후 늦게 라스베가스에 도착하였다. 잘 알려진대로, 라스베가스에서의 숙박은 비교적 싼 편이고 인터넷이나 각종 안내책자를 통하여 쉽게 예약할 수 있다. 그 이유는 숙박료로 얻는 수익보다 고객을 이곳에 유치한 후 그들이 지출하는 게임, 오락, 쇼핑, 식사 등에서 얻는 매출이 훨씬 크기 때문이다.

현재도 라스베가스는 가족단위의 여행자들에게 매력적인 도시로 그 이미지를 확대하기 위해, 단지 도박뿐만 아니고 호텔, 콘도, 예술, 비즈니스, 패션, 음식을 비롯하여 각종 소매업종까지도 아우를 수 있는 도시로 만들기 위해 끊임없이 노력하고 있었다.

불과 며칠 전 인터넷을 통해 예약을 한 숙소는 생각보다 깨끗하였다. 초저녁인데도 많은 사람들로 거리가 붐비고 있었다. 미국은 지역에 따라 날씨가 상당히 다르다. 뉴욕 근처의 동부가 비, 낙엽 그리고 눈이 내리는 뚜렷한 사계절이 있다면, 캘리포니아 등 이곳은 대부분 맑고 건조한 날씨로 큰 변동이 없다. 그래서인지 동부에 사는 사람들은 대체로 긴장하며 계획된 생활을 하는 느낌을 받았고, 복장도 세미정장 스타일이 많았으며 말투도 사무적으로 딱딱한 편이다. 그에 반하여 서부는 대화나 표정이 동부에 비해 즐겁고 밝은 편이며 옷차림도 화려하면서 자유분방하다.

라스베가스 스트립을 사이에 두고 수많은 카지노 호텔들이 늘어서 있다.

그렇게 보면 인간은 환경에 절대적인 영향을 받는 존재로서 처해진 환경에 적응하며 살아갈 수밖에 없는 나약한 존재인지 모른다.

우리는 먼저 '라스베가스 스트립*Las Vegas Strip*' 이라 불리는 라스베가스 블러바드*Las Vegas Blvd*로 갔다. 남쪽으로 길게 늘어진 약 7킬로미터의 거리를 걸으면서 환상적인 야경의 모습과 오로지 먹고 즐기기 위한 도시의 풍경이 어떤지 느껴보고 싶어서였다. 스트립이라는 말은 단지 거리만이 아니고 거리에서 약간 벗어나 있는 리조트, 카지노 등도 모두 포함하는 말이다, 호텔 객실수로 세계에서 가장 큰 호텔 25개 중에서 19개가 이 도로가에 자리잡고 있었는데, 그 객실 수만 해도 자그마치 67,000개나 된다고 한다.

첫인상으로 느낀 것은 중간중간 호텔에서 진행하는 여러 가지 볼거리의 규모와 여행객들의 씀씀이가 가히 보통 사람들의 상상을 뛰어넘는 수준이라는 점이었다. 예를 들어 한 호텔 앞에서는 분수와 불놀이를 함께 하는 쇼가 있었는데 수시간동안 그렇게 큰 불길을 만들기 위하여 엄청나게 많은 가스를 사용하고 있었다. 또 잠시 들른 쇼핑몰에서는 값비싼 시계나 보석들을 사려는 사람들로 북적이고 있었다. 이쯤 되면 돈이란 도대체 어디까지 소비되어야 인간에게 만족감을 줄 수 있는 것인지 의문스러웠다.

그곳에서 불야성 같은 거리의 모습과 공연들을 보면서 즐거운 시간을 보낼 수는 있었지만, 30도 이상 높은 기후와 습도 때문에 땀이 비 오듯 쏟아졌다.

라스베가스의 화려한 야경과 선정적인 광고판

"아빠, 너무 덥고 힘든데 그만 걸으면 안될까요?"

한편 생각하면 이 더운 날씨에 큰 불평없이 이렇게 같이 여행을 해주고 있는 아이들이 고맙기도 하고 기특하기도 하다. 건물 안에 들어가니 언제 더위가 있었느냐는 듯 시원한 에어컨 바람이 우리를 반긴다. 아들 녀석에게 아이스크림을 사주었더니 너무나 행복한 표정을 짓는다.

나 역시 이렇게 작은 것에도 행복해 했던 어린 시절을 떠올려 본다. 설날에는 어머니께서 주신 무지개 사탕 하나에도 너무 신났었고, 종합과자 선물세트를 받았을 땐 세상의 모든 것을 다 가진 것 같기도 했다. 지금은 그보다 더 많은 것을 가지고 있어도 그만큼 행복함을 느끼지 못하고 있다는 생각을 하니 그때가 그립기도 하다.

사람들은 대박을 꿈꾸며 이곳을 찾는다. 그들은 원하는 돈을 얻으면 행복해질 것이라고 믿으면서 이곳을 찾지만, 대박을 터트린다고 하여 그들이 우리 아이들의 아이스크림 하나에 행복해 하는 만큼의 행복을 느낄 수 있을까? 토마스 모어는 『상상의 섬 유토피아』에서 다음과 같이 말하였다.

> '…태양과 빛나는 별들이 저렇게 아름답고 귀중한데 다이아몬드와 같은 작은 돌조각의 반짝임이 과연 인간을 행복하게 만들 수 있을까?…'

얼마 전, 우리나라 제주도와 라스베가스가 자매결연을 맺었다고 한다. 라스베가스의 장점에 더해 우리 것을 더욱 잘 드러내고 느낄 수 있는 세계적인 관광지로 제주도가 널리 알려졌으면 하고 기대해본다. 그런 마음을 품고 아이들과 함께 분수대에 25센트 동전을 던져본다. 혹시나 우리들의 소원을 들어줄지 모르니까 말이다.

20 매뉴얼과 후버댐

- 후버댐, 네바다주(Hoover Dam, Nevada State)

후버댐 전경

다음날 네바다주와 아리조나주의 경계인 콜로라도강에 있는 후버댐 *Hoover Dam*을 찾았다. 후버댐은 라스베가스를 세계적인 관광도시로 만드는데 크게 기여했고, 미국 내 최대 인공 호수인 메드*Lake Mead*를 만들어 냈다.

자동차로 채 1시간이 걸리지 않았지만, 한 여름 네바다사막의 날씨는 정말 더웠다. 에어컨을 계속 틀면서 가기도 힘들고, 그렇다고 창문을 열면 뜨거운 바람이 숨을 턱 막는다. 이런 사막한 가운데서 자동차가 만약 고장이라도 난다면 우리가 할 수 있는 것이 무엇일까? 상상만 해도 아찔하다. 얼마 전 텔레비전에서 여러 명의 출연자가 무인도에서 얼마나 효율적으로 생존하는가를 시험하는 서바이벌 프로그램이 있었다. 생존을 위해 본능적 욕구에 충실하고 있는 참가자들을 보면서 처절하다고 느꼈던 기억이 난다. 그러나 예전의 우리 조상님들은 그보다 더 어려운 환경에서도 생존해 왔을 것이다.

1939년 2차 세계대전 발발 이전, 약 10년간의 세계 경제 대공황시대였던 1931년에 시작되어 1936년 완성된 후버댐은 수 백명의 희생자를 내며 완성된 건축물이다. 처음에는 지역이름을 붙여 보울더댐*Boulder Dam*이라 불렸으나, 그 후 1929년에서 1933년까지 미국 31대 대통령이며 엔지니어 출신인 허버트 후버*Herbert Clark Hoover*의 이름이 우여곡절 끝에 채택되어 지금처럼 후버댐으로 불리게 되었다.

캘리포니아, 아리조나, 네바다주의 주된 전력공급원이며 홍

수조절과 수돗물을 공급하기 위해 세워진 후버댐은 높이가 221미터에 길이는 379미터, 그리고 댐 바닥의 너비가 200미터에 이르는 초대형 콘크리트 덩어리이다.

이 댐의 내부와 외부를 둘러보면서 인간의 능력은 과연 어디까지인지 참으로 상상하기 어려웠다. 1930년대면 우리나라가 일본의 강점 아래 있었던 시대였는데, 그 당시 우리나라의 현실과 수준을 고려할때 같은 시대 다른 곳에서 전혀 다른 무엇이 이루어지고 있었다는 사실에서 인간의 역사야말로 누구도 예측하기 어려운 오묘한 복잡성을 지니고 있음을 새삼 느낀다.

우리나라 사람들도 이제는 학업, 여행, 이민, 사업, 등의 이유로 미국뿐 아니라 세계 여러 나라에서 널리 퍼져 살아가고 있다. 그리고 매일같이 인터넷을 통해 온세상과 접속하고 있어 예전처럼 새롭고 신기한 것은 드물 것이다. 그만큼 우리는 이미 많은 정보를 전세계인들과 함께 나누며 살아가고 있다.

그럼에도 불구하고 이곳 후버댐에서 가장 인상 깊었던 것은 안내원의 설명을 통해 알게된 시스템으로, 이 건물을 원래대로 유지하기 위한 교육, 훈련, 실행, 점검, 평가과정 등이 매우 체계적이며, 또 이를 실천하기 위한 매뉴얼이 구체적으로 만들어져 있었다는 점이다.

뉴욕에서 살던 집도 건축된지 대략 40년 정도 된 타운하우스 아파트였다. 그런데 나무로 만들어진 그 집들이 어느 곳 하나 새는 곳이나 부서진 곳이 없이 수십년이 지난 지금도 여전히 아주 잘 관리되고 있었다. 도대체 40년 이상 된 집이라고는 생각되지 않을 만큼 잘 정리되어 있는 이유가 무엇인지 처음에는 매우 궁금했었으나 살다보니 그 이유를 저절로 알게 되었다. 그것은 바로 유지 보수를 위한 구체적인 매뉴얼이 있었고, 관리하는 사람들은 그 매뉴얼에 적혀있는 그대로 부품교체나 필요한 조치들을 제때 취하고 있었기 때문이었다.

그래서인지 우리나라에서 20년 정도 지난 아파트를 다시 재건축해야 할지를 두고 여러 가지 의견들이 나오는 현실이 가끔은 이해가 잘 되지 않는다. 원래 수명이 20년 정도로 지어진 것인지, 처음부터 잘못 지어진 것인지 아니면 관리를 매뉴얼대로 하지 않아서인지 잘 모르겠다. 또 다른 이유가 있는지는 잘 모르겠지만, 규칙과 원칙을 지키면서 살아가는 것이 보다 장기적인 관점에서 보면 훨씬 더 나은 이득을 가져다주지 않을까 생각해본다.

지금부터 약 100년 전 후버댐을 지을 때는 200년 동안 유지될 수 있도록 설계하고 건축하였다고 한다. 그리고 그들은 200년을 안전하게 유지하기 위해 오늘도 매뉴얼에 나와 있는 대로 조그만 한 개의 부품조차도 원칙대로 바꿔주며 관리하고 있다.

후버댐 안내 팜플렛

그동안 빠른 경제 성장을 위해 앞만 보고 달려온 우리나라는 어쩔 수 없이 겪어야 하는 일들도 많이 있었다. 하지만 삼풍백화점이나 성수대교 붕괴

사고 그리고 국보 1호인 숭례문(남대문) 화재는 매뉴얼에 있는 기본적인 것들을 제대로 지키지 않아 생긴 일은 아닐까? 앞으로는 기본이 문제가 되어 희생이 따르는 일은 다시 없길 바라고 싶다.

이곳 후버댐을 100년 뒤에 다시 와 보지는 못하겠지만 10년 뒤에는 한번 더 방문해 보고 싶다. 그때도 이들은 매뉴얼대로 이 댐을 유지 관리하고 있지 않을까?

21 쌓여있는 역사와 인디언

- 그랜드 캐년 남쪽, 아리조나주(Grand Canyon, Arizona State)

아리조나주는 미국 50개 주 중에서 사면이 육지로 둘러쌓인 주의 하나이다. 640만이라는 많은 인구를 자랑하고 있으며, 6번째로 큰 주로 은퇴한 사람들이 많이 정착하는 곳으로 알려져 있다. 하지만 우리에게는 그랜드 캐년*Grand Canyon*이 있는 곳이라고 설명해야 훨씬 이해하기가 빠르지 않을까 싶다.

그랜드 캐년은 1979년 유네스코에 세계자연유산으로 선정되었고, 시카고 트리뷴지는 으뜸 900개가 넘는 세계자연유산 중에서도 이곳을 세계 10대 자연유산으로 선정하였을 만큼 그 웅장함을 자랑하고 있다. 이곳을 직접 보지 못했다면 그 모습을 상상하기는 불가능하다고 생각될 정도로 웅장하고 거대하다.

예전에 친구가족이 자동차로 며칠을 달려 그랜드 캐년에 다녀온 적이 있었다. 그 후 아이들에게 어떤 것이 가장 기억에 남느냐고 하였더니 자판기에 동전 넣고 기념주화 만든 것이 가장 인상 깊었다는 대답을 하더라는 것이다. 아무리 아이들이지만 그랜드 캐년까지 가서 인상 깊었던 것이 그런 자판기에서 만들어 본 동전이라니 그걸 위해 그렇게 먼길을 고생했나 싶었다면서 그 친구는 많이 허탈해 했다. 물론 그것이 전부는 아니겠지만 같은 곳에 와 있는 우리 아이들은 지금 어떤 것을 가장 인상 깊게 느끼고 있을지 자못 궁금하다.

우리는 우선 여행자 안내소로 들어가 여러 가지 최신 정보를 알아보기로 하였다. 안내소에는 많은 여행객들과 자원봉사자들로 북적이고 있었다.

"여기 혹시 안내책자나 지도 같은 것 있나요?"

"물론이죠. 어디에서 오셨나요?"

"한국입니다. 여기서 일하시는 걸 보니 이곳에 사는 분인가

그랜드캐년 남쪽에서 북쪽으로 가는 길

봐요?"

"아니요, 뉴욕에서 왔습니다."

"그래요? 우리도 사실 지금 뉴욕에 살고 있는데…"

"정말이요? 어디요?"

"롱아이랜드입니다."

"저는 퀸스에서 왔습니다. 반갑습니다."

케빈이라는 이 젊은 친구는 학생으로서 자연을 좋아하기도 하고 미래에 이쪽에 관련된 일을 하고 싶어 매년 방학 때면 이곳이나 혹은 다른 국립공원에서 인턴으로 일을 하고 있다고 자신을 소개한다.

그랜드 캐년은 그 길이가 자그마치 약 450킬로미터로 서울에서 부산까지의 거리에 해당하며, 깊은 곳은 대략 1800미터 정도 된다고 한다. 그 깊이가 설악산(1,708미터)보다 깊다고 생각하니, 좀 과장해서 말하면 설악산이 서울에서 부산까지 줄줄이 들어차 있다는 이야기가 된다. 자연이 만들어낸 또 다른 거대 작품에 대한 안내원의 설명을 듣다보니 불과 몇 시간 전 후버댐이 우리에게 준 규모의 충격은 아주 미미한 것으로 전락해 버리고 말았다.

1919년에 국립공원으로 지정되고 나서 이곳은 연간 500만 명이 찾는 세계적인 관광 여행지로서 성장하였다. 방문객 중 70~80%가 미국인이며, 나머지는 주로 유럽과 캐나다에서 찾아오고 있다고 한다. 아시아 국가 중에서는 일본인들이 2% 정도로 가장 많이 찾아온다고 한다.

여행자 안내소 근처에 있는 메이더 포인트*Mather Point* 에서 데저트 포인트*Desert Point*까지 자동차를 이용하거나 걸어가면서 군데군데 전망할 수 있는 곳들이 있었는데, 각각의 지점마다 보여지는 자연 경관의 모습들이 저마다 다르고 그 느낌도 무척 달랐다. 특히 자동차를 주차시키고 산책로를 따라 전망대까지 가는 길 자체도 너무나 아름다워서 아마도 디지털 카메라가 아니라 예전 필름 카메라였다면 가져온 필름을 다 소비했을 것 같다.

전망대 근처에는 많은 관광버스들이 주차해 있었는데, 한국인을 포함한 많은 아시안들이 관광차 이곳을 방문하고 있었다. 그들 관광객들은 안내자가 지정해준 곳에서 서둘러 사진을 찍기 바쁜 모습들이다. 다시 우르르 버스에 올라탄 이들 관광객은 불과 30여분 남짓한 시간이 매우 아쉽다는 듯 버스 안에서도 연신 카메라 셔터를 눌러대고 있었다.

그들에 비해 상대적으로 시간적인 여유가 많은 우리는 구석구석을 살필수 있어 기분이 좋았다. 아들녀석이 자꾸만 최대한 아래쪽으로 내려가 보자고 졸라댄다. 하지만 안전펜스를 넘지 않는 선에서 아래로 내려가도 되는 것인지 확신이 없었다. 마침 안내원이 지나가기에 물어 보았다.

내려갈 수 있는 가장 밑 부분까지 내려가
그랜드 캐넌을 배경으로

"실례합니다, 저 밑에 내려가 보고 싶은데 가능한가요?"

"저기 안전펜스 보이시죠? 저기까지 정해진 길을 따라 내려가는 것만 허락됩니다."

"캐넌 밑에까지 내려갈 수 있나요?"

"그건 미리 공원관리소로부터 허락을 받아야 합니다."

안내원은 그랜드 캐넌 아래쪽으로 내려가는 많은 등산로가 있지만 허가를 받아야 캠프가 가능하며, 그곳은 온도 차가 크고 다른 위험요소 또한 많다고 한다. 그럼에도 불구하고 연간 3만여명이 신청하고 있고, 그 중 3분의 1 정도만이 허가를 받을 정도로 경쟁이 치열하다고 설명해준다. 결국 나와 아들은 언젠가 다시 그곳까지 내려가서 캠핑을 하리라 다짐하며 더 내려가 보기를 단념하고 돌아서야 했다.

많은 관광객들이 그랜드 캐년을 다녀왔다고 하면 대개의 경우 이곳 남쪽지역을 말한다. 하지만 캐년의 또 다른 모습을 보고자 하는 사람들과 조금 더 원시 자연의 모습에서 캠핑하고자 하는 이들은 그랜드 캐년 북쪽*North*을 많이 찾는다. 특히 이곳의 원주민인 인디언들이 살아왔던 자연의 모습을 제대로 보고자 한다면 이곳 남쪽에서 북쪽으로 돌아가는 길을 지나가야만 한다고 한다.

어떤 위치에서 거리를 측정하는가에 따라 다르겠지만 남쪽 전망대에서 직선거리로 불과 20~30킬로 정도 떨어져 있는 그랜드 캐년 북쪽*North Rim*까지 가려면 자동차로 약 400킬로를 돌아가야 한다. 더욱이 계절과 기상상태에 따라 도로가 수시로 차단되어 접근할 수 없는 경우가 많기 때문에 그곳에 가기 위해서는 미리 도로상황을 체크하는 것이 필수적이다.

북쪽 전망대가 현재 개방되어 있다는 것을 공원 안내소에서 확인한 다음 우리는 직선거리로 잠깐이면 도착할 수 있는 그 너머를 향해 출발하였다.

라스베가스에서 그랜드 캐년에 올 때는 40번 주간도로를 이용하여 왔기 때문에 인디언 보호구역을 직접 지나가거나 주변을 느낄 수는 없었다. 그렇지만 이곳 남쪽 그랜드 캐년에서 북쪽 그랜드 캐년으로 가려면 89번 지방도로를 이용해야 하는데, 이 도로는 바로 나바조 인디언 보호구역*Navazo Indian Reservation*을 지나가기 때문에 그곳에 살고 있는 인디언들을 볼 수도 있다.

인디언들은 약 1만년 전부터 그랜드 캐년 주변에서 살아왔다. 1876년 미국 정부는 근처에 살고 있는 모든 아파치 인디언들을 보호구역 안으로 몰아넣으려 하였다. 그러자 용맹과 지략의 영웅으로 알려진 아파치 부족장 '제로니모' 는 미국 정부에 대항하여 치열한 싸움을 전개하였다. 그가 1886년 미국 정부에 항복할 때까지 10년 동안 미국,멕시코 연합군과 맞서 싸운 역사적 장소가 바로 이 지역이다.

우리가 그 지역을 지나갈 때 차창 밖으로 마치 영화 '늑대와 춤을' 에서 본 것 같은 장면들이 펼쳐진다. 제로니모가 이야기한 '바람이 거칠 것 없이 부는 자유로운 곳, 초원에서 나는 태어났다. 거기는 태양빛을 가리는 아무 것도 없는 곳이었다. 어느 무엇도, 어느 누구도 나를 가둘 수 없는 그 곳에서 나는 태어났다'

는 말이 정말 가슴에 와 닿는 그런 자연의 모습이었다. 조그만 개미 한 마리가 거대한 공룡의 등에 잠시 얹혀서 가듯 우리 자동차가 광활한 대지를 지나갈 때면 금방이라도 인디언이 나올 것 같은 느낌이 들면서 마치 타임머신을 타고 원시시대로 되돌아간 듯했다.

그래서 잠시 창문을 열고 달려본다. 자동차로 들어오는 바람이 나의 뺨을 스치는데 왠지 그 느낌이 훈훈하다. 불과 130년 전에 있었던 인디언들의 역사와 지금도 국경을 맞대고 있는 미국 아리조나주의 630 킬로미터라는 국경선을 넘기 위해 생명을 건 모험을 하는 멕시코인들, 그리고 그랜드 캐년이 보여주는 자연의 위대함을 즐기는 많은 여행객들의 모습들이 내 머리 속에 잠깐씩 머물다가 사라진다.

눈 앞으로 아리조나의 사막과 선인장 그리고 태양과 바람이 스쳐 지나간다. 지금 이 순간 우리들은 거대한 자연에 기대어 잠시 머무는 아주 작은 존재일 뿐이다.

22 자연과 자원봉사

– 그랜드 캐년 북쪽 / 자이언 국립공원, 유타주(Zion National Park, UT)

원시시대로 되돌아간 듯한 자연의 모습을 뒤로 하고 드디어 그랜드 캐년 북쪽에 도착했다. 아까 보았던 그랜드 캐년 남쪽지역이 관광객들로 북적이면서 어찌 보면 휴양지 같은 느낌이었다면, 이곳 북쪽은 여행자들이 대부분이고 조용히 휴식을 즐기는 안식처 같은 느낌을 주었다.

이곳에 온 여행자들은 숲 속에서 캠프를 치고 지내거나 근처 숙소에 머물면서 하루하루 새로운 등산로를 걸으며 자연을 느끼고 휴가를 즐기면서 보내고 있었다. 숲속에서는 많은 이들이 휴대하기 편리한 간이의자를 가지고 다니면서 적당한 곳에 앉아서 조용히 책을 읽으며 한가로이 시간을 보내고 있었다. 지금은 내륙을 종단 중이라 어쩔 수 없지만 언젠가는 우리도 저렇게 한가로운 휴가를 보내자며 아내가 넌지시 압력을 행사한다.

금강산도 식후경이라 했던가? 허기가 심한 탓인지 그랜드 캐년의 웅장함과 아름다움도 눈에서 자꾸만 멀어진다. 아이들도 배고프다고 졸라댄다. 급한대로 공원 안내소 근처에 있는 작은 피자집으로 들어가 가장 큰 사이즈의 피자를 주문한 후 음식을 들고 밖으로 나왔다.

대충 자리를 잡고 앉아서 밥을 먹으려는데 갑자기 음악소리가 멀리서부터 들려온다. 알아보니 오후 퍼레이드 행사가 시작되었다고 한다. 퍼레이드는 구슬 목걸이를 방문자들에게 던져주기도 하고, 소방차가 뒤따라오면서 더운 여름이라 그런지 사람들에게 물세례를 퍼붓고 있다. 그 모습을 본 아이들은 피자 하나를 움켜쥐고는 쏜살같이 거리로 뛰어나가 다른 아이들과 함께 소방차와 한참동안 물싸움하고 난리다. 아마도 나중에 아이들에게 그랜드 캐년에서 가장 기억이 남는 것이 무엇이냐 물으

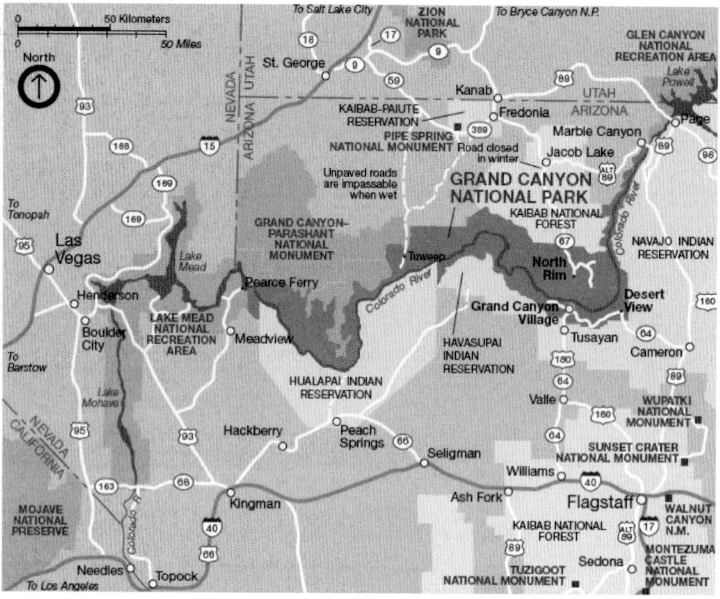

그랜드캐년 지도 〈출처 : 미국국립공원사이트〉

면 구슬 목걸이, 소방차 물싸움이라고 하지 않을까 싶다.

한바탕 아이들과 신나는 시간을 보내고 난 후, 아쉽지만 유타주*Utah State*의 자이언 국립공원*Zion National Park*으로 향하였다.

유타주는 유테부족*Ute Tribe*에서 이름을 따온 것이라 하는데, 그 뜻은 '산악 지역의 사람들' 이라고 한다. 이름에서 알 수 있듯이 유타주 전체 인구 270만 명 중 약 80%가 북쪽 아이다호주

*Idaho State*와 연결된 워새치 산맥*Wasatch Range* 자락에 살고 있다.

이 지역은 최고높이가 해발 3,700미터에 이르며, 연간 평균 13미터의 눈이 내려 스키 휴양지의 본고장이라 불리고 있는데, 2002년 동계올림픽을 통해 우리에게 많이 알려진 솔트 레이크 시티*Salt Lake City*가 자리잡고 있는 곳이기도 하다.

한국에서 길거리를 다니다 보면 가끔 검은색 양복을 입은 비교적 젊은 서양인들이 몰몬교를 아는지 또는 영어에 관심이 있는지 물어보곤 했던 기억이 나는데, 바로 그 몰몬교가 주 전체 인구의 약 60%를 차지한다고 한다. 그만큼 미국 내 단일 종교로 가장 큰 비중을 차지하고 있는 주가 유타주이다.

라스베가스에서 250킬로미터 동북쪽에 위치한 자이언 국립공원은 라스베가스에서 그랜드 캐년 국립공원까지의 거리보다 가까운 곳에 자리잡고 있다. 그러나 그랜드 캐년과 같이 공원 내의 연결도로 등 간접시설이 잘 되어 있지 않아서 구간 이동이 쉽지 않기 때문에 여행 중에 잠깐 둘러보기에는 어려운 점이 많다.

자이언 국립공원에서는 그랜드 캐년과 달리 협곡을 좀더 가까

산불 진화용 소방헬기와 함께

이 볼 수 있기 때문에 고대 공룡이 살던 모습을 연상케 하는 자연경관이 바로 눈앞에서 펼쳐진다. 층층이 다른 색깔의 암석들이 수십만 년도 더 지난 자연의 시간을 말해주고 있다. 아들녀석은 작은 돌멩이 하나를 내보이면서 가져가도 되는지를 묻는다. 국립공원의 자연은 있는 그대로 보존하여야 하므로 아무것도 가져갈 수 없다고 설명하니 많이 아쉬운가 보다.

공원을 빠져 나와 국도를 달리는 데 산불이 났는지 나무들이 불에 타 검게 그을린 모습이 한없이 펼쳐진다. 듬성듬성 제로 톨러런스*Zero Tolerance*라는 거리의 표지판을 볼 수가 있는데, 이는 고의성이 있건 없건 산불을 일으키면 누구든 무조건 무거운 범죄로 다룬다는 의미였다.

산불을 진화하기 위해 소방헬기가 부지런히 물을 퍼나르고 있는 모습도 볼 수 있었다. 그때 마침 소방 헬기 한 대가 우리가 달리는 도로 앞쪽에 착륙하였다. 아이들은 신기하다면서 가까이 가서 보고 싶어했다.

그곳에서 만난 헨리라는 소방대원은 헬기에 부하가 걸려 잠시 쉬어야 하는 상황이어서 착륙했다고 한다. 아이들은 그런 것을 아는지 모르는지 궁금한 것을 자꾸 묻는다.

"아저씨 저기 큰 호스가 뭐예요?"

"얼마만큼 많은 물을 실을 수 있나요?"

"몇 명이 탈 수 있어요?"

"저희도 태워 줄 수 있나요?"

소방대원은 이것저것 궁금한 것을 쉬지 않고 묻는 아이들에게

짜증을 내지도 않고 열심히 설명해준다.

"아이들이 너무 귀찮게 해 미안합니다."

"아닙니다. 저도 즐겁게 대화하고 있으니 걱정 마세요."

"산불이 일어났나 보죠?"

"며칠째 진화작업을 하고 있는데 아직도 잔불이 남아있어서 마음을 놓을 수 없는 상황입니다."

그는 자원봉사자로서 대부분의 소방대원이 그렇듯 지역봉사를 위해 필요한 교육을 받으면서 자기가 속해 있는 사회를 위해 일하고 있는 중이었다. 시간과 돈이 있어서가 아니라 자원봉사를 통해 얻는 행복함이 더 크기 때문에 이 일을 한다면서 활짝 웃는다. 그의 말에서 삶의 풍요로움과 행복감이 느껴진다.

예전 내가 처음 미국에 건너와 공부할 때 학생으로서 넉넉하지 않은 살림이라 아이들을 작은 교회에서 운영하는 유아원에 맡긴 적이 있었다. 비용이 거의 들지 않아 우리로서는 참으로 고마웠다. 그때 그 유아원에서는 많은 이들이 자원봉사를 하고 있었는데, 특히 나이 드신 분들이 손자와 같은 아이들에게 동화책을 읽어주면서 그들이 삶에서 얻은 지혜를 나눠주고 있던 모습을 지금도 잊을 수가 없다.

성형수술을 통해 보여주는 아름다움은 잠시지만 자원봉사를 통해 노부부들이 나누어 주는 삶의 지혜들은 우리의 자손들에게도 계속해서 이어질 것이며 영원한 아름다움으로 남아있을 것이다. 오늘은 소방대원의 행동에서 또다른 삶의 방식과 기준을 배워본다.

23 물위의 고드름

– 모노 레이크, 캘리포니아주(Mono Lake, CA)

전 세계에 2,000만부 이상이 팔린『성공하는 사람의 7가지 습관』을 쓴 스티븐 코비의 고향 유타주를 지나면서, 그가 말한 성공을 위한 삶의 조언 중에서 '소중한 것을 먼저 하라'는 말이 생각난다.

곳곳에서 활동하는 자원봉사자들도 그들이 생각한 소중한 것을 먼저 하기 위해 살아가고 있고, 어쩌면 그런 행동들이 성공한 삶의 모습이 아닌가 하는 생각을 하면서 자동차는 다시 서쪽으로 향하고 있다.

자이언 국립공원에서 95번과 266번 지방도로를 이용해 가고 있는데, 북서쪽으로 약 800킬로미터 떨어져 있는 이번 목적지는 모노 레이크*Mono Lake*다. 요세미티를 목적지로 생각했다면 지방도로를 이용해야 하므로 다소 시간이 더 걸린다고 볼 수도 있는데, 이쪽으로 여행 경로를 잡은 것은 바로 해발 수 천 미터 위에 있는 시에라 네바다*Sierra Nevada* 산맥을 가로질러 요세미티 공원에 도착하고 싶었기 때문이었다. 시에라 네바다 산맥은 캘리포니아와 네바다주에 걸쳐 있으며, 남북으로 600킬로미터 동서로는 100킬로미터가 넘는 매우 큰 산맥이다.

시에라 네바다 산맥 중간지점에 자리잡고 있는 모노 레이크는 해발 2000미터 위에 있는 호수로서 산에서 내려오는 눈 녹은 물이 호수로 유입되었지만 바다로 나가는 통로가 없어 만들어진 호수다. 그래서 이 호수에 들어온 물은 그대로 이곳에서 수만년을 보내야 했고, 결국 바닷물보다 염분이 많아 물고기조차 살 수 없는 물로 변해버린 그야말로 죽은 호수가 되어버린 곳이다.

다음 날 모노 레이크 호수를 찾았는데 안내원이 설명하기를 얼마 전까지만 해도 로스앤젤레스시 당국의 조치로 산에서 내려오는 물줄기를 식수로 이용하기 위해 물길을 변경하였는데, 그로 인해 이 호수는 수면이 점점 더 낮아지고 염분의 농도는 더욱 더 높아지는 악순환이 일어났었다고 한다.

다행히 그동안 환경보호 단체들이 예상되는 환경피해를 시 당국에 설명하면서 이를 지속적으로 사람들에게 알려 최근 시에서는 물줄기를 원상태로 돌려놓았고, 그 결과 다시 호수의 수면이 조금씩 올라가고 있다는 설명을 들을 수 있었다.

하지만 아이들은 이미 물고기가 살 수 없을 만큼 죽은 호수가 환경에 무슨 영향을 주는지 알 수가 없다면서 안내원에게 묻는다.

"안내원 아저씨, 어차피 죽은 호수인데 환경과 무슨 상관이 있나요?"

"아, 그것은 물고기는 살 수 없는 호수이지만 여기에도 소금새우*Brian Shrimp*와 이 호수에만 사는 파리가 있는데 이는 2백만 마리 철새들의 훌륭한 먹이가 된단다. 결국 점점 호수의 상태가 더 나빠져서 먹이감마저 없어지면 이는 연속적으로 철새들의

모노 레이크 물속에서 자라고 있는 바위들

생태계를 교란시키고 이는 다시 다음 단계의 생태계에 영향을 주기 때문이지."

"아하, 그렇겠네요."

이 세상에 쓸모없는 것은 하나도 없나 보다. 아이들은 설명을 들으면서 신기하다는 듯 호수 주변을 둘러본다.

"저기 호수 속에서 올라온 바위 같은 것은 무엇인가요?"

"호수 밑에 지하수가 있는데 여기에서 가스와 함께 미네랄 등이 나오게 되지. 가스와 함께 올라온 미네랄 등이 화학반응을 일으키고 이들이 축적되면서 마치 탑 모양처럼 형성된 거란다."

"신기하네요. 계속 자라나요?"

"그럼, 지금도 계속 자라고 있단다."

우리나라 충청북도 단양에 있는 고수동굴에 들렀을 때 천정에 고드름처럼 자란 종유석을 본적이 있다. 그런데 이곳에서는 거꾸로 물속에서 바위가 자라나고 있다. 본래 무엇이 위고 무엇이 아래인지 헷갈리게 하는 자연을 보며 이 세상에 시작도 없고 끝도 없다는 성현의 말씀이 생각나는 것은 왜일까? 이 시간을 기념하고 싶어 자연이 주는 깨달음을 배경으로 사진 한 장을 찍어 본다.

24 1억 년 전 지구

– 요세미티 국립공원, 캘리포니아주(Yosemite National Park, CA)

모노 레이크에서 지방도로를 타고 서쪽으로 120킬로미터를 달려 시에라 네바다 산맥을 가로지르면 요세미티 국립공원에 도착한다. 그동안의 이동거리에 비하면 짧은 거리라서 금방 도착할 거라 믿고 천천히 아침까지 챙겨먹고 출발했다. 하지만 그런 예측은 출발 후 금방 빗나가고 말았다.

해발 2500미터에 있는 테나야 호수*Tenaya Lake*를 비롯한 수많은 호수들이 뜨거운 태양 아래 펼쳐져 있는데, 그 위에는 아직도 녹지 않은 하얀 눈이 동시에 존재하고 있었다. 그 모습이 운전하는 내내 우리의 발목을 붙잡았다. 우리들은 시간 가는 줄도 모르고 한 여름 산 위에서 눈싸움도 하고 호수에 비친 저쪽 너머 만년설을 보면서 앞으로의 일정을 까마득히 잊어버린 채 시간을 보내고 말았다.

결국 우리가 공원에 도착하였을 때는 점심시간이 훨씬 지나서였다. 여행을 하다보면 계획대로만 되지 않는 것이 어찌보면 당연한 일이듯이, 우리의 삶 또한 크게 다르지 않다는 평범한 진리를 다시 한 번 느낀다.

연간 약 400만 명이 방문하고 1984년에 세계자연유산으로 등록되었으며 가장 높은 봉우리가 4000미터에 이르는 시에라네바다 산맥에 자리잡고 있는 이 국립공원은 1억년 전부터 빙하가 만들어낸 협곡, 폭포, 수천 개의 호수, 거대한 암석 등으로 이루어져 있어 동 · 식물의 보고이다. 현재도 이곳 공원 전체 면적의 95%는 사람의 손길이 닿지 않은 채 그대로 보존되고 있으며, 여행객들이 둘러보고 방문하는 면적은 전체의 1% 정도 밖에 되지 않는다고 한다.

공원에 들어서면서 눈에 들어온 첫 번째 광경은 엘 캐피탄*El*

요세미티 국립공원 하프돔 전경

*Capitan*이라고 불리는 900미터가 넘는 거대한 화강암 바위였다. 말이 바위덩이이지 우리 기준으로는 산이라고 볼 수 밖에 없는 크기였다. 주차장 한 쪽에는 사람들이 모여 별자리를 관측할 때 사용하는 망원경을 들여다보고 있는 모습이 보였다. 모여있는 사람들에게 다가가 물었다.

"지금 뭘 보고 계신 건가요?"

"예, 이 망원경으로 보면 저 바위에 붙어 올라가는 암벽등반

요세미티 폭포

가를 볼 수 있습니다."

"그래요? 아무도 없는 것 같은데……"

"그래서 이 망원경으로 보는 것이지요."

"저와 아이들도 잠깐 볼 수 있을까요?"

"물론이죠."

아무리 보아도 육안으로는 보이지 않았는데, 망원경을 통해 보니 마치 개미가 바위에 붙어 있듯 조심스럽게 등반하고 있는 사람들의 모습이 보인다. 암벽 전문가들도 성공률이 겨우 50% 정도라는데, 일단 시작하면 이 바위에 붙어서 잠도 자고 먹기도 하고 다른 여러 가지 생리활동도 하면서 4~5일은 올라가야만 하는 세계적으로 유명한 바위란다.

아이가 묻는다.

"아빠, 왜 저렇게 힘들게 올라가요?"

"글쎄다. 저 사람들은 저것이 좋은가 보지 뭐. 사람은 저마다 좋아하는 것이 다르고 하고 싶은 것도 다르거든. 태규도 네가 가장 좋아하고 잘 할 수 있는 것이 무엇인지 생각해 보렴."

이곳은 워낙 많은 사람들이 찾는 곳이라 편의시설도 잘 되어 있었고, 셔틀버스도 자주 다니고 있었다. 나이아가라 폭포가 쏟아내는 물의 양에서는 세계 최고이겠지만, 그 높이는 60여미터 정도이다. 그에 비해 요세미티 폭포는 미국에서 최고높이인 739미터를 자랑하고 있다. 가까이 다가가 바라보지도 못하고 멀리서만 보니 솔직히 그 높이가 실감이 나지 않는다. 오히려 가까이 가서 볼 수 있었던 188미터의 브리달베일 폭포*Bridalveil*

*Falls*가 감탄사를 연발하기에 충분한 매력을 가지고 있다.

고교시절 제주도로 수학여행을 갔을 때 보았던 정방폭포는 높이가 23미터 정도였지만, 바다에 직접 떨어지면서 보여주는 느낌은 거대하면서도 단아한 한국적인 아름다움을 보여 준다고 생각했었다. 그에 비하면 이곳의 폭포는 원시적이고 힘찬 야생말같은 느낌을 준다.

어떤 것이 더 멋있느냐는 질문을 때때로 나 자신에게도 해보고 때로는 다른 사람들로부터 질문을 받기도 한다. 그 물음에 정답은 없다. 단지 다른 가치를 지니는 것으로서 서로 다르다는 것 뿐이었다.

각자 가지고 있는 생각과 가치기준에 맞는 것이라면 그것이 마음을 편하게 할 것이고 또 상대적으로 더 낫게 생각될 것이다. 포도를 좋아하는 사람이 사과를 좋아하는 사람에게 왜 포도를 좋아하지 않느냐고 묻거나 포도가 더 좋은 과일이라고 주장하기는 어렵듯이, 자신의 가치기준과 생각만이 옳다고 할 수 없기 때문에 다른 사람에게 똑같이 강요해서도 안되고 할 수도 없을 것이다.

그런 생각을 하면서 산의 모습이 그대로 호수에 비친다는 미러 레이크*Mirror Lake*의 아름다운 모습을 배경으로 아이들과 사진을 찍어본다.

최신 문명의 도시 로스엔젤리스에서 6시간 그리고 샌프란시스코에서 4시간 남짓 걸리는 이곳에 1억 년 전의 모습을 간직한 자연이 이처럼 조용히 버티고 있다는 사실이 신기할 뿐이다. 언젠가 이곳을 다시 찾게 된다면 변한 것은 아마도 나 자신뿐이지 않을까 생각하니 자연에 잠시 머물다 가는 나의 모습이 너무 작기만 하다. 자연은 그래서 나에게 자꾸만 겸손하라고 가르쳐 준다.

25 대학과 고추장

– 스텐포드대학 /피셔맨즈 와프, 샌프란시스코(San Francisco, CA)

요세미티 국립공원에서 서쪽으로 약 320킬로미터 거리에 샌프란시스코 스탠포드 대학*Stanford University*이 있다. 미국 동부에 자리잡고 있는 하버드와 MIT 대학을 둘러보면서 아이들에게 서부의 하버드라 불리는 스탠포드 대학을 가보기로 약속했었고, 서부에 자리잡고 있는 스탠포드 대학은 그 느낌이 동부의 대학들과 어떻게 다를지 궁금하였기 때문에 이번 일정에 포함시킨 것이다.

17년 전 아버지와 우리 4형제가 '오부자 가족'으로 이곳을 출발해 서부에서 동부까지 미대륙을 횡단한 적이 있었고, 그보다 10여년 전에는 혼자서 미국, 일본 배낭여행을 다녀온 적이 있었다. 그 후 여러 번 업무출장 등으로 샌프란시스코를 들른 적이 있었지만 스탠포드 대학은 오늘이 처음이다.

지금이야 많은 사람들이 전 세계로 가족 또는 친구와 함께 해외여행을 다니고 있지만 88 서울올림픽 이전에는 해외여행이 그리 자유롭지 않았다. 특히 군대를 다녀오지 않은 남자는 더욱 더 바깥세상으로 나가기가 어려웠다. 그 당시 배낭여행을 다녀온 후에 여행사에서 나의 경험에 대해 오히려 물어보고 자료를 수집하기까지 하였으니 해외여행에 대한 정보가 얼마나 부족했었는지를 짐작할 수 있다.

이런 저런 이야기를 아이들에게 들려주었지만 반응이 신통치가 않다. 아마도 지난 이야기는 재미 없나 보다. 나이가 들면 점차 자기의 옛 이야기를 줄여야 한다는 어르신들의 말씀이 생각난다. 그래서일까. 주변의 변화되는 모습들을 계속 받아들이고 이해하지 못한다면 신세대뿐 아니라 자식들과도 대화하기 힘들 때가 오지 않을까 염려스럽다.

약 4시간 정도 달려 도착한 스탠포드 대학은 동부에 있는 대학들과는 그 느낌이 사뭇 다르다. 동부와 서부의 다른 기후 때문인지 이곳 서부에 자리잡고 있는 스탠포드 대학의 넓은 잔디, 아열대성 나무, 빨간 지붕들이 자유로운 느낌과 함께 휴식을 취하라는 손짓을 보내는 것 같다.

뉴욕의 컬럼비아 대학이 97명의 노벨상 수상자를 배출하여 1위이고, 영국의 캠브리지, 시카고대학, MIT, 하버드대학, 샌프란시스코의 버클리대학, 프랑스 파리대학 등과 함께 50명 이상의 노벨상 수상자를 배출한 세계 10대 대학에 들어가는 스탠포드! 일만 오천 명이 넘는 전체 학생 중에 대학원생이 과반수가 넘는 연구중심 사립대학으로 컴퓨터 분야에서는 단연 최고의 대학으로서 우리에게도 익숙한 구글, 야후, 휴렛팩커드 등을 창립한 사람이 모두 스탠포드 출신들이다.

캘리포니아 철도산업의 대부이며, 주지사 및 상원의원으로도 활동했던 르랜드 스탠포드에 의해 1891년 설립된 스탠포드 대학은 그의 아들이 장티푸스로 16세의 어린 나이에 사망하자 부인과 함께 아들과 같은 젊은이들이 계속해서 발전해 나가기를

스탠포드대학 광장에서

바라는 마음으로 설립하였다고 한다. 그후 르랜드 스탠포드가 죽고 대학운영이 상당한 경제적 어려움에 처했을 때 스탠포드 부인은 자신의 개인 소장품 등을 팔아서까지 대학 폐쇄를 적극적으로 막아내어 오늘에 이르렀다고 한다. 예나 지금이나 여성이 남성보다 위대한 것인지 아님 엄마가 아빠보다 위대한 것인지 아무튼 여성의 힘은 대단한 것 같다.

어떤 사람은 대학 순위가 상위 몇 위니까 더 좋은 대학이라고 생각하겠지만 이곳에서는 대학별 순위보다 해당 전공 분야별 순위에 더 큰 의미를 두고 있다. 하버드대학이 모든 분야에서 1위가 아닌 것은 당연하며, 이곳 고등학생들은 적성과 관심이 높은 전공과목을 택하여 대학에 진학하고 있다.

예를 들면 펜실바니아에 있는 철강왕 앤트류 카네기에 의해 설립된 카네기멜론대학*Carnegie Mellon University*은 노벨상 수상자를 21명이나 배출한 대학으로서, 영화 '뷰티플 마인드*Beautiful Mind*' 의 주인공이며 노벨 경제학 수상자인 존 내쉬*John Nash*가 다닌 학교이다. 컴퓨터분야에서 세계적으로 유명한 자바*Java*나 선 마이크로시스템*Sun Microsystems* 창립자도 이 학교 출신으로 이 대학은 공학부문에서 두각을 나타내고 있다. 공부를 많이 시키며 창업을 권장하는 대학으로도 유명한 이 대학은 우리나라에는 많이 알려져 있지 않아 어떤 이들은 이 대학에 진학했다고 하면 성적이 좋지 않기 때문에 지원한 줄 아는 사람도 있어 안타까울 뿐이다.

한 사람이 모든 일을 다 잘 할 수는 없으므로 우리나라도 이제는 대학별 단순 서열에 매달리지 말고 전공이나 적성과 능력에 따라 평가받는 사회가 되기를 기대하면서 캠퍼스의 잔디밭을 걸어본다.

교내에 있는 조그만 핫도그 점포에 들러 잠시 요기를 한 다음 피셔맨즈 와프*Fisherman's Wharf*로 향하였다. 그곳에서는 '골든 게이트 브리지*Golden Gate Bridge*'를 볼 수도 있고, 많은 볼거리를 제공하는 상점들과 레스토랑이 위치해있는 39번 부둣가*Pier 39*와도 가깝다. 또 군 요새와 연방감옥으로 사용되었고 영화 '더 락*The Rock*'의 배경이 된 알카트레즈섬*Alkatrez Island*을 갈 수 있는 33번 부둣가도 가까이 있어 샌프란시스코에 온 사람들은 꼭 방문하는 곳이기도 하다.

더운 여름에 계속되는 여행이 항상 즐거울 수는 없다. 게다가 조금은 무리한 일정으로 인한 체력 저하와 만족스럽지 않은 서양식 식사로 인해 아내와 아이들은 이제 좀 천천히 여행했으면 좋겠다고 요청한다. 원래는 이곳에서 약 20킬로미터 떨어진 버클리대학을 잠시 들려보려고 계획했었다. 그러나 아이들과 아내의 성화로 이곳에서 더 머물며 한가로운 산책을 하기로 하였다.

많은 여행객들 때문에 주차하는 것도 어려운 일 중에 하나였는데 갑자기 아이들이 화장실에 가고 싶다고 난리다. 아마도 더운 날 패스트푸드와 차가운 음료를 계속 마셔서 배탈이 났는가 보다.

"전부 먼저 내리는게 좋겠다. 아빠는 주차를 해야 하니까."

"연락은 어떻게 해요?"

"엄마 전화를 이용하면 되니까 꼭 같이 다녀야 돼!"

주차를 한 후 연락이 오길 기다리는데 한참을 기다려도 소식이 없다. 아내에게 전화했더니 아들녀석을 화장실 앞에서 만나기로 하였는데 나오지 않는다면서 걱정이라고 한다. 단숨에 뛰어갔으나 아이는 없었다.

"무슨 일 생긴 거 아냐?"

"별일 없을 거야. 주변을 다시 찾아보자."

진땀이 나고 눈앞이 캄캄할 무렵 한 통의 전화가 걸려왔다. 받아보니 아들녀석이었다.

"아빠! 어디 있어요?"

"너는 어디 있는데?"

큰일 날뻔했던 아들녀석과 함께 피셔맨즈 와프 앞에서

"지금 피셔맨즈 와프라고 쓰여진 동그란 사인 앞에 있는데요."

"알았다. 지금 갈 테니까 거기 꼼짝말고 있거라."

다행히 별일 없이 만날 수 있었지만 그동안의 걱정은 어디로 사라지고 만나자 마자 화가 치민 말투로 다짜고짜 물었다.

"너 왜 엄마와 약속해 놓고 같이 있지 않은 거야?"

"엄마하고 누나가 아무리 기다려도 나오지 않길래 딴 곳에 있는 줄 알고 찾아 다녔어요."

"근데 어떻게 거기서 전화한 거야?"

"지나가는 아저씨한테 핸드폰 좀 빌려 달라고 했지요."

"아빠가 엄마를 기다리고 꼭 같이 붙어있으라고 했잖아?"

"네…"

풀이 죽어 목소리가 기어들어간다. 조금 화도 났지만 마음속으로는 그런 상황에서 침착하게 모르는 사람의 핸드폰을 빌려 그것도 이곳 미국땅에서 나에게 전화했다고 생각하니 조금은 대견스럽게 느껴졌다.

한바탕 부산스러운 해프닝을 정리한 후 이곳에 오면 꼭 먹어봐야 한다는 조개수프*Clam Chowder*를 먹어보자고 제안하였다. 속이 별로 좋지 않았던 아이들과 아내는 한국음식 비슷한 것이라도 먹자며 잠시 의견이 분분하였다. 그러나 일정도 있고 우리나라 죽과 같은 것이니 한번 먹어보자는 쪽으로 의견이 정리되어 근처 식당에 자리를 잡고 주문을 하였다. 한국 음식이 그리웠던 우리는 결국 조개수프에 함께 가져온 고추장을 풀어서 먹었는데 그 맛이 일품이었고 어찌된 일인지 뱃속도 편안해졌다. 평소 햄버거나 피자를 무척 좋아했던 아이들이 이 여행을 통하여 기회만 있으면 한국음식을 찾게 되었고, 한국 음식의 묘한 매력에 점점 빠져드는 것은 덤으로 얻은 결과물이라고 할 수 있어 무척 기분이 좋았다.

요즘 같은 시대에 아이들이 어떻게 성장하게 될지는 스스로가 만들어 가는 것도 있을 것이다. 우리나라가 과거 농경사회였던 시대에 요구되었던 사회적 합의들도 세상이 변하면서 국제화라는 흐름 속에서 필요한 것들로 바뀌어 가고 있다. 그로 인해 내가 살았던 시대의 의견이나 생각들이 아이들의 그것과 다를 것임을 받아들여야 하겠지만, 언어와 문화가 공유되는 한 세대를 초월한 민족의 정체성은 변하지 않을 것이라고 믿고 싶다. 시간이 많이 흘러 아이들이 다양한 생각을 가진 사람으로 그리고 나와 다른 생각을 가진 사람으로 성장할지라도 소주에 삼겹살이 어떤 의미인지를 이해할 수 있는 아이들로 성장해 준다면, 그래서 나와 함께 가끔 막걸리대화를 할 수 있다면 더할 나위 없이 기쁠 것 같다.

'자유의 바람이 불어온다*The wind of freedom blows*' 라는 스탠포드 대학의 교훈처럼 이곳 부둣가의 시원한 바람이 고추장과 더불어 우리 마음속을 시원하게 해준다.

MK메모

〈전공별 미국 대학 순위〉

출처 : U.S.News & World Report, 조사기관과 조사년도에 따라 다를 수 있음

〉〉 Business (Graduate)

- University of Pennsylvania
- MIT
- University of California – Berkeley
- University of Michigan
- New York University

〉〉 Law (Graduate)

- Yale University
- Harvard University
- Stanford University
- Columbia University
- University of Chicago

〉〉 Engineering (Undergraduate)

- MIT
- Stanford University
- University of California – Berkeley

〉〉 Biomedical (Undergraduate)

- Johns Hopkinson University
- Duke University
- Georgia Tech

〉〉 Accounting (Undergraduate)

- University of Texas
- University of Illinois – Urbana
- Brigham Young University

〉〉 Education (Graduate)

- Vanderbilt University
- Teacher College, Columbia University
- Harvard University
- Stanford University
- University of Oregon

〉〉 Liberal Arts College

- Williams College
- Amherst College
- Swarthmore College
- Wellesley College
- Bowdoin College

26 쥬라기 공원

- 레드우드 국립공원(Redwood National Park, CA)

옐로우스톤 국립공원에서 미국 고등학교 선생인 잭슨 가족을 만났을 때 그분들은 미국 서부지역을 여행할 땐 남북을 종단하는 주간 고속도로 5번(I-5) 대신 서부해안의 지방국도 US-101을 이용하라고 적극 추천했었다. 그래서 가능하면 그 도로를 이용해 북쪽으로 이동하고 있었고, 지금까지 그 정보가 결코 틀리지 않았음을 우리는 체험하고 있는 중이다.

샌프란시스코 부둣가에서 금문교로 불리는 골든 게이트 브리지*Golden Gate Bridge*를 거쳐 다음 목적지인 캘리포니아 북부 '레드우드 국립공원*Redwood National Park*’으로 향했다. 가는 도중에 우리는 이곳에서 약 20킬로미터 북쪽에 위치한 뮈어우드 기념공원*Muir Woods National Monument*을 방문했는데, 이곳은 전에 내가 배낭여행 왔을 때 우연한 기회에 잠시 들른 곳이기도 하다.

이 기념공원은 100여 년 전 대대적인 벌목으로 인해 이 지역의 거의 모든 나무들이 없어져 갈 때 미국 국회의원이었던 윌리엄 켄트가 부인과 함께 이 지역을 보존하고자 개인적으로 구입하여 관리하면서 가까스로 원시 모습 그대로 숲을 이어갈 수 있었다고 한다.

그는 나중에 이 사유지를 국가에 헌납하였는데, 이는 개인이 국가에 헌납하여 국가 기념지로 지정된 첫 번째 사례였다. 당시 루즈벨트 대통령이 이에 감사하고자 이 지역을 켄트 기념지라고 명명하였다. 그러나 그는 자기보다 그 지역 자연보호자로서 더 많은 노력을 기울였던 존 뮈어*John Muir*의 이름으로 명명하는 것이 더 의미가 있다고 주장하여 오늘에 이르게 되었다고 한다.

그 후 이곳은 1937년 금문교가 개통되면서 수십 만 명이 찾는 명소가 되었다. 이처럼 이곳은 자연 보존의 노력이 얼마나 중요

레드우드 국립공원 로스트 모나크 앞에서

한가를 웅변하고 있을 뿐만 아니라 지도자란 무엇이고 그 모습이 어떠할 때 그 가치가 더욱 빛나게 되는지를 깨닫게 해주는 곳이다.

그런 모습들이 오늘 우리가 바라는 지도자의 모습이 아니겠느냐고 아이들에게 설명하면서 숲 속을 걸었다. 대도시인 샌프란시스코에서 차로 불과 20여분 남짓 떨어져 있는데도 불구하고 이렇게 숲이 잘 보존되고 있다는 사실이 우리나라의 도시 모습과 비교되면서 너무 큰 부러움으로 다가왔다.

다시 북으로 차를 몰아 600킬로미터 떨어져 있는 레드우드 국립공원으로 향했다. 공원내 원시림 지역은 원래 제주도보다 4배 이상 큰 크기였는데, 서부지역 금광개발과 함께 1960년도까지 벌목이 이루어지면서 90% 이상의 산림이 훼손되었다고 한다. 그러자 정부가 앞장서서 적극적으로 산림보호정책을 펼치게 되었고 지금은 제주도 면적크기의 약 30% 정도가 국립공원으로 지정되었으며, 1980년에는 세계자연유산으로까지 지정되었다.

차량이 계속 달리지 못하고 가다 서다를 반복하면서 연신 사진을 찍을 만큼 이곳의 나무는 무척이나 크다. 이곳에 심어진 나무들은 미국 삼나무*Redwood*가 대부분으로 보통 높이가 60~70미터이고 평균수명은 500년에서 1000년이며, 나무껍질의 두께가 큰 것은 30센티미터에 이를 정도라고 하는데 그런 거목들로 온 천지가 뒤덮여 있다.

주차를 하고 나서 산책로를 따라 숲 속을 걸어가는데 자연 원시림 속에 가득한 안개가 멋있기도 하였지만 조금은 으스스 하기도 하였다.

"아빠, 우리 뒤따라오는 엄마와 누나를 놀려줄까요?"

"그럴까?"

이런 일은 이번이 처음은 아니다. 가끔 가족들끼리 같이 산에 갈 때면 숨어 있다가 깜짝 놀려주곤 하였었다. 우리는 조금 빠른 걸음으로 앞서 가다가 적당한 곳에 숨어 조그만 막대를 집어 들고 아내와 딸이 가까이 다가올 때 막대를 던지면서 '뱀이다' 라고 소리치기로 하였다.

웬만큼 거리를 앞서 간 나와 아들녀석은 숲속에 숨어서 한참을 기다렸다. 조금 있으니 저쪽 멀리서 아내와 딸의 소리가 들렸다. 그래서 준비한 대로 막대를 그 쪽으로 던졌다.

"뱀이다!"

"엄마야!"

진짜라고 생각했는지 딸은 엄청난 비명을 지르며 쏜살같이 우리 쪽으로 달려왔다. 그런데 왜 항상 위급한 상황에서는 엄마를 부를까? 우리는 킥킥대고 웃으며 기다리고 있는데 얼마나 놀랐는지 딸아이는 울음을 터트리고 말았다. 결국 나와 아들녀석이 사과를 하는 지경에까지 이르렀는데 뒤따라오던 여행객들이 다가와 별일 없느냐고 물어본다.

그 바람에 우리 부자는 아내에게 핀잔을 듣게 되었고 앞으로는 앞서가지 않겠다는 약속과 함께 저녁은 남자 둘이 책임진다는 제안으로 겨우 사태를 수습하게 되었다. 아내와 딸에게는 조금 미안하지만 미국땅에서 아들녀석과 이런 추억을 다시 만들어 본 것도 과히 나쁘지만은 않았다.

이곳에는 지금도 하이페리온*Hyperion*이라고 불리는 세계에서 가장 높은 나무가 자라고 있으며, 로스트 모나크*Lost Monarch*는 약 120만 리터에 해당하는 세계에서 가장 큰 볼륨을 가진 나무라고 한다. 그래서인지 이곳이 영화 '쥬라기 공원*Jurassic Park*'의 촬영지로 사용되었다는 것이 새삼스럽지 않다. 이처럼 엄청난 크기의 나무와 원시의 숲 사이를 지나면서 우리들은 잠시 수억 년 전 공룡 전성시대로 거슬러 올라가 보았다.

삼나무는 세균과 풍화에 잘 견디는 특성 때문에 가구재료로도 사용되지만, 특히 우리 생활과 밀접한 철길 받침목으로 많이 쓰이고 있다 한다. 이처럼 자연은 수 만년을 지나면서도 끊임없이 우리들에게 많은 것을 베풀고 있다는 사실이 새삼스럽다. 다시 찾은 뮈어우드*Muir Woods* 앞에서 자연은 예전과 다름없이 그대로였지만 변한 것은 세상에 새롭게 태어난 우리 아이들과 함께 온 나 자신뿐임이 새삼스럽게 느껴진다.

문득 망국의 한을 달래며 여생을 자연과 벗하며 보낸 고려 말의 학자 야은 길재 선생의 시 한 수가 오늘 따라 이곳 미국땅에서 절절히 가슴에 와 닿는다.

'오백 년 도읍지를 필마로 돌아드니
산천은 유구한데 인걸은 간데없네.
어즈버 태평 년월이 꿈이련가 하노라'

27 신발과 자전거

- 포트랜드, 오레곤주(Portland, Oregon)

예정대로라면 크레이터 호수 국립공원*Crater Lake National Park*을 거쳐야 했으나, 오랜 일정으로 피로가 누적된 탓에 오레곤주*Oregon State*의 중심도시인 포트랜드*Portland*까지 주간 고속도로 I-5를 따라 곧 바로 이동하기로 하였다. 수심 600미터에 제주도 절반 크기인 크레이터 호수를 직접 보지 못해 못내 아쉬웠지만, 다음을 기약하며 계속해서 북쪽으로 달렸다. 500킬로 떨어진 포트랜드까지 가면서 차 안에서 들은 이문세의 노래 '광화문 연가'와 '붉은 노을'의 가사가 차창 밖의 풍경과 참 잘 어울린다.

오레곤주는 처음 방문하는 곳이라 낯설었지만 자연 친화적 정책을 최우선으로 하는 곳으로 유명하다고 들었기에 과연 어떤 모습일까 무척 궁금하였다. 이제까지 보스톤, 뉴욕, 시카고, 샌디에고, 로스앤젤레스 등을 거쳐 이곳까지 오면서 느낀 것이지만 도시마다 각각 고유한 모습을 자랑하고 있었다. 특히 조그마한 소도시라도 조금씩 서로 다른 느낌을 전해주려고 애쓰는 것을 보면서 우리나라도 각 지방이나 마을마다 특색 있는 모습을 유지하면 좋겠다는 생각을 많이 했다. 어느 나라든 외국 관광객이나 여행자들은 도시를 보기보다는 자기나라에 없는 고유하고 색다른 무엇인가를 보고 싶어하기 때문이다.

면적이 남한의 약 2.5배에 해당하지만 인구는 400만 명 정도에 불과한 미국 서북부에 위치한 오레곤주*Oregon*는 예전에 원주민들이 이 지역 콜럼비아강을 우라곤*Ouragon*이라 불렀던 것으로부터 오레곤이라는 명칭이 유래되었다고 한다. 다른 많은 주가 그렇듯이 가장 큰 도시로 알려진 포트랜드시*Portland City*는 주의 수도가 아니었다. 수도는 포트랜드에서 약 1시간 남쪽에 위치한 세일럼*Salem*이라는 곳인데, 인구 15만 명의 작은 도시에서 주 행정의 모든 것이 이루어지고 있었다.

중학교에 다닐 때 우리반의 어떤 아이가 나이키 신발을 신고 학교에 온 적이 있었다. 당시 대부분의 운동화는 '왕자표' 나 '말표' 였는데, 모두들 그 새로운 신발이 아빠의 구두값보다 비싼 가격과 파격적인 디자인에 신기해 했던 기억이 난다.

바로 그 나이키 회사가 이곳 오레곤 주립대학의 육상선수와 코치에 의해 1964년 설립되었다는 것을 아이들에게 설명해주었다. 그리고 지금은 많은 아이들이 즐겨 신는 신발이지만 당시에는 학교 전체를 통틀어 몇 명 정도만 신고 다닐 수 있는 아주 귀한 신발이었으니 지금 우리가 얼마나 물질적으로 풍요로운 삶을 살고 있는지 아이들에게 설명하였다.

예전의 상황을 아무리 이야기해도 아이들이 그 느낌을 이해하기는 커녕 웃고 떠들기만 한다. 어찌 보면 우리의 전 세대인 일제강점기와 6 · 25전쟁을 겪은 많은 어른들처럼 근검절약이 몸에 배인 관점에서 보면 현재 우리들의 모습도 만족스럽지 않게 보일 것이다. 하긴 로마시대의 옛 기록에도 '요즘 아이들은 버릇이 없다'고 적혀 있다는 애기를 들은 적이 있는데, 삶의 본질이란 예나 지금이나 별로 다를 바가 없는 모양이다.

우리나라의 이민 역사는 가난을 벗어나고자 시작되었고 어언 100여 년이 흐르면서 사회 각계에서 성공한 이민자들의 소식도 종종 접한다. 빈손으로 태평양을 건너온 많은 초기 이민자들의 눈물겨운 이야기들 중 이곳 오레곤주와 시애틀이 있는 워싱턴주는 미의회 상 하원을 여러 차례 지낸 임용근 의원과 신호범 의원이 성공신화를 남긴 곳으로 유명하다. 두 분 모두 고아나 다름없이 이곳에 왔고, 백인이 대부분인 이 지역에서 출마하여 운동화가 여러 켤레 닳아 없어지도록 수만 가구를 직접 발로 찾아다니며 선거운동을 하여 당당하게 정계에 진출한 분들이기에 나는 그 분들의 고생담과 성공담을 아이들에게 들려주었다.

자동차 여행의 장점 중 하나가 좋든 싫든 같은 시간과 공간을 가족끼리 같이한다는 점이다. 수 시간씩 달려가며 이런 저런 이야기를 하다 보면 아이들은 조금 지루하기도 하겠지만 때로는 시간이 생각보다 빨리 가고 가족들과도 평소에 하고 싶었던 말을 할 수 있어서 좋다는 생각을 하게 된다.

오레곤주 포트랜드 근교에 위치한 나이키 본사

포트랜드시는 인구가 60만명 정도이지만 광역지역까지 합치면 200만명이 넘게 살고 있다. 우리나라 사람에게도 친숙한 컬럼비아 스포츠, 나이키, 야키마*Yakima* 본사가 자리잡고 있으며, 오레곤주가 다른 어떤 주보다 자연에 대한 관심과 관리가 철저한 만큼 이와 관련된 스포츠나 레저산업이 발달하였다.

도시의 크기와 도심을 흐르는 강은 생각보다 작았지만 세계적인 물건을 만들어 내는 저력은 남과 비교하지 않고 자기만의 경쟁력을 찾아 집중한 결과가 아닐까 싶다. 스위스의 시계, 프랑스의 패션, 독일의 기계와 같이 그 환경에 맞게 발달한 산업이 경쟁력을 가지고 계속해서 성장할 수 있다는 점에서 한국은 과연 어떤 분야에 집중하여야 수백 년을 이어갈 수 있는 그런 산업이 나올지를 곰곰이 생각해 본다.

오레곤주의 별명은 비버 주*Beaver State*이다. 수십 미터 길이의 댐을 만드는 것으로 유명한 비버는 자연의 모습을 유지하는 데 아주 중요한 역할을 한다. 아울러 그린시티라 불리는 포트랜드는 다른 곳보다 2배 이상 많은 사람들이 자전거를 이용하고 있으며, 자연과 환경 보호를 최우선으로 하는 곳으로 알려져 있다. 그래서인지 정말 깨끗하다는 인상을 지울 수 없었다.

동부 뉴욕에서 시작된 주간도로 I-80번의 서부 끝트머리는 포트랜드이고, 서북쪽 최대의 도시인 시애틀은 동부 보스톤에서 시작한 동서 횡단도로 I-90의 종점이다. 이제 우리의 여행도 서서히 마무리를 향해 달려가고 있다

28 컴퓨터와 빙하

– 레이니어 국립공원, 워싱턴주(Rainier Mountain, Washington)

포트랜드에서 마운트 레이니어 국립공원*Mount Rainier National Park* 까지는 북동쪽으로 약 200킬로미터 떨어져 있어 3시간 정도면 갈 수 있기에 큰 부담이 없는 거리였다. 생각해 보면 200킬로미터 거리이면 서울에서 대전 정도인데, 이곳에서는 식료품을 사기 위해 다니는 거리라 해도 과언이 아닌 것으로 여기는 사람이 많이 있다.

동부에서 출발하여 서쪽 끝인 이곳 시애틀에 도착한 것이 엊그제 같은데, 미국 최남단 멕시코 국경에서 북쪽으로 종단한 여정의 끝도 여기 워싱턴주라 생각하니 감회가 새롭다. 일정을 서둘러 미 대륙에서 가장 높은 봉우리인 컬럼비아 크레스트 *Columbia Crest, 4392m*가 있는 레이니어 국립공원으로 향하였다.

국제 화산학회가 지정한 전 세계 16개 특정화산 중 하나인 레이니어산은 활발한 화산활동의 역사를 가지고 있어 그 연구와 모니터가 꼭 필요한 미국 내 유일한 화산이기도 하다. 현재도 활동하고 있는 활화산으로서 주위에 수많은 빙하, 폭포, 호수, 야생 동식물들이 함께 서식하고 있다. 5번 고속도로에서 빠져나와 706번 지방국도를 따라 들어가니 그 웅장함이 우리를 압도한다.

헨리잭슨기념*Henry Jackson Memorial* 안내소에 주차를 한 후 짧은 시간에 돌아볼 수 있는 산책로를 물어보니 해발 1600미터에 위치한 파라다이스 산책로를 추천하였다. 지도를 보니 1시간쯤 걸리는 쉬운 코스부터 4시간 정도 소요되는 어려운 코스까지 있었다. 우리는 비교적 쉬운 코스를 골랐는데 이 두 코스는 서로 연결되어 있어서 시간 조절을 하며 산책을 할 수 있었다. 해마다 100만명 이상의 여행객이 찾는다는 이곳 산책로는 만년설을 배경으로 다양한 종류의 꽃과 나무들이 장관을 이루고 있었다.

“저쪽 만년설을 배경으로 사진 한 장 찍을까?”

“아빠, 이제 그만 찍어요.”

“그래도 이제 곧 여행도 끝나고 이런 풍경은 언제 볼지 모르니 함께 찍자.”

“누구한테 사진 부탁할 건데요?”

주변을 둘러보았으나 아무도 없다. 조금 늦은 시간이기도 하고 산속의 산책로라 사람을 만나기가 쉽지 않았다.

“그럼 너희 둘만 저쪽에 앉아보거라.”

“자, 여기 보고… 김치.”

산속이기에 빨리 날이 저무는 모양이다. 벌써 땅거미가 진다. 서둘러 차를 몰고 시애틀로 향했다.

시애틀에는 현대인들의 삶을 송두리째 바꿔놓은 역사적인 회사가 자리잡고 있다. 그것은 불과 35여년 전, 1975년에 설립된 컴퓨터 회사인 마이크로 소프트 회사이다.

내가 처음으로 컴퓨터를 접한 것은 1980년대 초반이었다. 그 후 약 10년 뒤에 한국에서 넷스케이프라는 프로그램으로 인터넷을 연결하여 미국의 도서관을 처음 접속하였을 때의 설렘을 나는 지금도 잊을 수가 없다. 그로부터 20여년이 지난 지금 우리는 구글, 아이폰, 네이버 등 인터넷과 컴퓨터의 세상에서 살고 있다. 일, 생활, 공부 등의 이유로 컴퓨터와 친해질 수밖에 없고 막내 남동생처럼 컴퓨터를 직업으로 하는 사람들이 많아질 만큼 세상은 변했다.

학교에서는 강의 내용이나 숙제 등을 인터넷에 올리기 때문에 학생들이 알아서 내려받아 수업을 준비하여야 하고, 은행의 업무도 이메일로 또는 웹사이트를 통해 처리되고 있다. 어디에 좋은 음식점이 있는지도, 필요한 책을 구입하는 것 등도 모두가 인터넷을 통해서 하며 친구간의 약속도 요즘은 페이스 북으로 연락한다고 한다.

학창시절 볼펜을 사용해서 쓴 편지가 오갈 땐 서로의 느낌도 진하게 접할 수 있었고, 또 여행을 떠날 땐 모르는 것 투성이라 오히려 기대감도 컸다. 그러나 지금은 그러한 모습을 찾아보기가 쉽지 않다. 필요한 정보는 컴퓨터를 통해 너무도 쉽게 얻을 수 있고, 비교적 간단하게 다른 사람이나 나라밖 소식을 접할

레이니어 국립공원 파라다이스 산책로에서

수 있게 된 것이다.

그러나 이러한 오늘의 현실이 다 좋은 것인지 가끔 생각해본다. 우리가 모든 것을 다 알 수도 없고 아무리 많은 정보에 접근한다 해도 그 역시 모든 것을 보여줄 수 있는 것이 아니기에 제한된 것일 수 밖에 없다. 그런 까닭에 많은 정보라 할지라도 결국은 한정된 정보이고 이를 바탕으로 판단하며 살아갈 수 밖에 없다.

너무 많은 정보가 오히려 삶을 피곤하게 하는 것은 아닌지 가끔은 스스로에게 묻곤 한다. 어떤 경우에는 너무 많은 정보 때문에 무엇이 신뢰할 만한 내용인지 고민을 하기도 한다. 그리고 수많은 정보가 가져다주는 만족이라 하더라도 조금 전 해발 수천 미터 위에서 자연이 주는 선물에 비하면 너무나 미미한 기쁨이 아닐까 하는 생각도 든다.

캘리포니아 북부 레드우드 국립공원에서 오레곤주를 거쳐 이곳 레이니어산으로 이어지고 있는 엄청난 자연의 모습들에서 우리는 말로 표현할 수 없는 감동적인 느낌을 선물 받았다.

마이크로 소프트와 같은 컴퓨터 산업이 우리 생활 속에 깊이 뿌리 내려 있듯이 오늘날은 디지털 시대이다. 어찌 보면 서로 양립할 수 없을 것 같은 디지털과 아날로그이지만, 기술과 문명의 발전이 어느 한쪽으로 치우치지 말고 자연과 과학이 함께 공존하는 사회로 나아가게 되기를 기원하며 이곳 시애틀의 도심 컴퓨터의 모니터 앞에서 생각에 잠겨본다. 행복, 기쁨, 슬픔, 설레임 등 우리 인간이 느낄 수 있는 유일한 가치들은 결국 만져지는 물질이 아니라 우리의 마음과 정신세계에서 비롯될 수 밖에 없다고 믿기 때문이다.

'입안에 말이 적고, 마음에 일이 적고, 뱃속에 밥이 적어야 한다'는 법정 스님의 말씀이 그때 그곳에서 왜 내 머리속을 흔들며 지나갔는지 오늘따라 더욱 새삼스럽게 생각난다.

29 성공과 행복지수

– 밴쿠버, 캐나다(Vancouver, Canada)

뉴욕에 살면서 할인매장인 아울렛을 몇 군데 다녀보았지만 이곳 서부 지역 아울렛은 어떻게 운영되고 있는지 궁금했었다. 시애틀에서 5번 고속도로를 타고 캐나다 국경을 향해 북쪽으로 올라가면 Exit 200번 근처에 있는 시애틀 프리미엄 아울렛*Seattle Premium Outlets*을 만난다.

환율과 물가 차이 때문에 의류, 가방, 신발 등 많은 유명 브랜드를 상대적으로 저렴하게 구입할 수 있어 캐나다인들에게도 잘 알려진 그곳은 평일인데도 많은 사람들로 북적이고 있었다.

사실 뉴욕주에서는 우드버리 커몬 아울렛*Woodbury Common Premium Outlets*이라는 곳이 가장 크고 유명하다. 그곳에서는 샤넬, 프라다, 버버리 등 소위 명품들도 할인해서 판매하고 있어 아시안 관광객들에게 인기가 좋은 곳이다. 이처럼 이곳 서부에서는 밴쿠버나 시애틀에 온 사람들이 꼭 들러보고 싶어하는 쇼핑코스가 바로 이곳 시애틀 프리미엄 아울렛이라고 한다.

여행을 마무리 하면서 잠시 일상으로 돌아가 보는 것도 괜찮을 것 같아 들어가 본 그곳에서는 많은 물건들이 할인된 가격으로 넘쳐나고 있어 눈과 마음을 자꾸만 흔들어 놓는다. 이런 물건들이 없이도 그동안 잘 지내왔건만 눈으로 보니 가지고 싶은 욕심이 생기는 것은 인지상정인가 보다. 아이들도 의류나 신발 매장에서 이것저것을 자세히 들여다본다. 더 오래 있으면 아무래도 쇼핑이 시작될 것 같아 잠시 눈요기만으로 끝내고, 서둘러 그곳을 빠져 나오니 오히려 속이 편하다.

쇼핑몰에서의 아쉬움을 뒤로 하고 차를 몰고 달리다보니 벌써 캐나다 국경에 다다른 모양이다. 언제나처럼 미국과 캐나다의 입출국 절차는 너무나도 다른 분위기이다. 미국으로 들어갈 때

밴쿠버 곳곳에서 볼 수 있는 원주민들의 조각품들

의 느낌이 예전 서부영화 속 보안관들이 총을 차고 지키고 있는 느낌이라면, 1인당 국민소득 4만 달러가 넘는 캐나다는 분명 허술하지 않은 시스템을 갖춘 선진국임에도 불구하고 인심 좋은 동네 아저씨처럼 친근함이 앞선다.

우리 일정의 마지막 목적지 캐나다는 러시아 다음으로 세계에서 2번째로 넓은 국토를 가지고 있으며, 이는 남한 면적의 약

100배에 달한다. 13억 명의 중국과 3억 3천만 명의 미국보다도 면적이 큰 캐나다의 인구는 고작 3천 4백만 명에 불과하다. 그나마 현재 전 국토의 약 10% 정도만 사용하고 있다니 한국에서 태어나고 생활해 온 입장에서 도대체 이 나라가 어떻게 유지, 발전되고 있는지 궁금하지 않을 수 없다.

10개의 주(캐나다에서는 미국의 State와 다르게 Province라 부른다)와 3개의 준 주로 이루어져 있고, 북쪽 3개 준 주의 면적이 전 국토의 30% 이상을 차지하지만 겨우 10만 명 정도의 인구가 그곳에 살고 있다.

5천년 역사와 단일민족을 자랑하며 캐나다에 비해 불과 100분의 1 크기의 땅덩어리에서 5천만 명이 살고 있는 대한민국을 생각하면 도대체 신의 섭리가 어디에 있는지 궁금하기까지 하다.

국토의 서쪽 끝에 자리잡은 브리티쉬 콜롬비아주*British Columbia*는 온타리오*Ontario*, 퀘벡*Quebec*주에 이어 세 번째로 크며 약 4백 50만 명이 남한 면적의 10배나 되는 국토를 유지, 관리, 발전시키고 있다. 바로 그곳에 세계에서 가장 살기 좋다는

밴쿠버에서 바라본 태평양의 석양

도시로 매년 1순위에 오르는 인구 50만명에 불과한 밴쿠버 *Vancouver*가 자리잡고 있다.

미국보다 많은 세금, 상대적으로 비싼 물가, 어떤 경우엔 답답할 정도로 느린 행정절차, 적은 인구. 이런 여건에도 불구하고 살기 좋은 도시로 자주 선정되는 이유는 무엇일까? 서두르지 않지만 꼼꼼히 따지고 순서를 지키는 질서의식, 안전한 치안상태, 맑고 깨끗한 자연, 투명한 사회 시스템, 검소한 생활, 한쪽에 치우치지 않는 교육 과정과 그 평가, 그리고 무엇보다 더불어 잘 사는 것이 더 중요하다고 생각하는 사회적 합의와 이를 지키기 위한 노력의 결실이 아닐까 곰곰 생각해 본다.

물론 이것은 단순한 나의 생각일 뿐이다. 하지만 어떤 사회에서든 상식적으로 이해가 되지 않은 일들이 계속 발생한다면 그곳은 개선해야 할 무엇이 있을 거라는 믿음엔 변함이 없다.

최근 한 조사에서 우리나라보다 국민소득이 1/2도 되지 않는 멕시코 국민의 행복지수가 1위로 발표된 일이 있다. 살기 좋은 도시를 반드시 행복한 도시라고 볼 수 없듯이 경제적으로 문제가 없다고 그것이 곧 행복하다고는 할 수 없을 것이다.

행복이란 상상하는 것이 아니고 느껴져야 하는 것이라 믿기 때문에 가족여행을 시작했는지도 모른다. 우리 아이들은 이 여행을 통해 무엇을 느꼈을까? 그것이 무엇이든 나와 가족들 가슴속에 함께 했던 소중한 기억과 추억들은 영원할 것이고 그것이 내가 다른 무엇보다 다음 세대에게 물려 주고 싶은 귀한 선물들이었다. 그리고 그 가치가 시간이 흘러 언젠가 이 사회를 위해 쓰여질 것임을 믿는다. 그런 까닭에 나는 부자이기 때문에 행복한 것이 아니라 행복하기 때문에 부자인 것이라고 생각한다.

시작이 반이라고 했던가? 미 동부 끝 메인주에서 대서양을 바라보며 시작한 일만 오천 킬로미터의 출발이 엊그제 같은데, 지금 우리는 이곳 밴쿠버에서 태평양을 바라보고 있다. 이 여행은 많은 것을 배울 수 있는 기회를 주었고 부족한 것이 더 많았던 나의 존재를 깨우치게 해준 시간들이었다. 모든 것에 감사한다. 그리고 이웃과 가족들이 있어 고맙기만 하다.

에필로그

기후도 풍토도 시차까지도 서로 다른 참으로 넓은 땅 북아메리카! 그러나 동서남북 어디에도 사람 사는 모습은 크게 다르지 않았다. 길 위에서 보고 배운 것보다 더 좋았던 것은 역시 온 가족이 함께할 수 있었던 많은 시간들과 아이들의 새로운 면을 발견한 점이다.

비가 너무 많이 오면 홍수가 나는 것으로 알고 자란 나에게 오히려 좋은 날씨가 계속되면 산에 있는 눈이 녹아 홍수가 나는 지역도 있다는 사실을 알게 되면서, 모든 상황은 다를 수 있지만 저마다 또 다른 나름의 경우와 가치를 가질 수 있구나 싶은 게 놀라웠다. 그래서일까. 여행은 새로운 도전과 깨달음의 연속이었다.

뉴욕의 화려한 바람도 서부 아리조나를 지날 땐 사막풍이 되듯 모든 것은 한시도 가만 있지 않고 계속 변하고 있다. 아이들도 여행을 시작할 때보다 이 글이 마무리 될 즈음에는 훌쩍 컸다. 흐르는 세월을 잡아둘 순 없지만 함께 했던 추억들은 그 자리에 그대로 담겨 우리의 마음속에 고스란히 남아 있을 것이다.

여행은 둥지를 떠나 새로운 세상에서 자연과 낯선 사람들과의 만남이다. 그러나 반드시 제자리로 돌아와야 한다.

돌이켜 보니 길고도 멀었던 미국 동 · 서 · 남 · 북의 여정이 한 순간인 듯 짧기만 하다. 여행 끝 무렵 대자연에 잠시 얹혀가는 나의 모습을 보면서 모든 것은 다르다는 평범한 진리가 삶이 무엇인가라는 질문에 조금은 답이 되는 것 같다.

다시 일상으로 돌아와 바쁘게 살아가고 있는 지금, 지난 시간 삶의 한 조각을 가족과 함께 할 수 있었음에 감사하며, 반가운

친지와 이웃을 다시 만나 일상의 텃밭에 물을 줄 수 있어 행복하다. 고 김수환 추기경님의 아래 말씀을 이제는 조금 더 이해할 수 있을 것 같아 다행이다.

> 현자란 어떤 사람인가? 모든 것에서 배우는 사람이다.
> 강자란 어떤 사람인가? 자기를 이기는 사람이다.
> 부자란 어떤 사람인가? 자기의 운명에 만족하는 사람이다.
>
> 고 김수환 추기경님의 말씀

그리고 그 후, 모처럼 모인 5부자 가족

길 위에서 세상을 보다

발행일 _ 2011년 12월 1일 초판 1쇄 발행
지은이 _ 강민구
펴낸이 _ 현상선
펴낸곳 _ 도서출판 비움과 채움
㊝ 132-792 서울시 도봉구 창4동 807 쌍용상가 213호
전화 : 02-999-0053 전송 : 02-998-3622
전자주소 : 72ranto@paran.com
ISBN 978-89-93104-21-9 03940

값 : 12,000원